村岡到

不破哲三と日本共産党

共産党の限界を突破するために

ロゴス

まえがき

私は、一九七八年に当時在籍していた第四インターの機関紙「世界革命」で、〈日本共産党への内在的批判〉と〈日本共産党との対話〉を提起しました。それいらい一貫してこの課題を追求しています。

最初に、私と共産党との関係について明らかにします。

私は、一九八四年に「赤旗」で「反共主義」と非難されたことがありました（三月三〇日）。その頃は何回か「赤旗」で取り上げられました。近年は「赤旗」ではまったく取り上げられなくなりましたが、党内では次のような評価が流布されているようです。「『中核派』『第四インター』の元メンバーで、現在はその正体を巧妙に隠して日本共産党や民主的運動のかく乱策動を続けている村岡到氏」とされました。いつ、どこでかというと、二〇〇九年に、日本共産党東京都委員会が発行している「東京党報」なる党員向けの通信においてです。その「No.4　2009.12.23」です。本書の第Ⅰ章の初めで、共産党が戦争法案をめぐって国会で暴いた機密文書について、積極的に評価して紹介しますが、この文書は共産党を信頼する人が共産党に渡したに違いありません。同じように、この「東京党報」は、私が窃盗したものでも拾ったものでもなく、或る共産党員の友人が私に、「こんな風に言われているよ」と、くれたのです。二〇〇七年と一一年の東京都知事選挙をめぐる動向を解説したもので、そこに「村岡到氏」が登場しました。「村岡氏は各種の雑多な『市民運動』との関係を広げつつ、とくに日本共産党を支持する学者らにねらいを定めて、集会への出席や雑誌への執筆を働きかけるなどのやり方で、策動への引き込みを、現在も行っています」とも書かれています。

私は、自分が中核派や第四インターに在籍していたことを隠したことはなく、むしろ明確にしています。ですから「正体を巧妙に隠」す必要はいささかもありません。

先日、こんなことがありました。友人というよりは知人だった、或る年配の共産党員が亡くなって、その偲ぶ会を企画することになり、準備会の案内状が届いたので、出席しました。二〇人余の小さな集まりでしたが、私を除く他の人はほとんど年配の党員でした。全員の自己紹介の時に、私は二月に刊行した『日本共産党をどう理解したら良いか』を手に一言はなし、テーブルにその本を広げておいたら、隣の人がそれを買ってくれました。さらに彼は手帳を開き、紙片を取り出しました。そこにこの本の表紙が印刷されていたのでビックリしました。何と、『週刊金曜日』に掲載されたこの本の紹介記事（五月二九日号、西川伸一氏執筆）の切り抜きだったのです。彼は年配で東京のどこかの地区の役員をしていた方でした。共産党の党員が私の本の書評の切り抜きを手帳に挟み、その人の隣に私が着席したのです。こういう偶然を、私はごく稀にですが体験します。

あるいは、私は半年くらい前からフェースブックを少し本腰を入れて始めたのですが、八〇〇人を超える「友達」の中に、共産党の地方議会の議員がけっこう多数いるようです。彼らは恐らく「赤旗」

の情報だけでは満たされないものを感じていて、私がたまにアップする情報を知ろうとしているのでしょう。「いいね」と応答してくる人もいます。

逆の事例もあります。私は今年七月に「赤旗」の古い号を見たくて代々木の共産党本部を訪ねました。受付の人に本名を伝えると、資料室の係りを呼んでくれて、コピーを購入しました。「正体」を隠すのは失礼なので、「村岡到と言います」とも伝えましたが、普通の対応でした。親切で開かれた対応だなと思い、二度目も同じように資料をコピーしてもらいました。「村岡到」と名乗って、『日本共産党をどう理解したら良いか』を進呈しました。ケイタイの番号も記しました。その二週間くらい後に、「日本共産党の資料室の責任者」を名乗るS氏からケイタイに電話があり、「党を誹謗・中傷する人には資料を提供出来ないから今後は来ないでほしい」と通告されました。ケンカしても始まらないので「そうですか」と応えました。前記の「東京党報」の延長線上でしょう。仕方ありません。これが共産党の現状なのです。しかし、S氏は、「あなたが求めている資料は国会図書館か東京都の図書館に行けば手に入ります」とも教えてくれました。わずかな可能性は残されているのかもしれません。親切に対応してくれた党員が居たことのほうを憶えておきたいと思います。

もう一つ、「まえがき」として断っておきたいことがあります。言葉へのこだわりです。「言語拘泥症」という否定的ニュアンスの言葉があるように、この弊害に陥ってはなりません。しかし、言葉にこだわることは大切でもあります。『新約聖書』に「初めに言葉があった」と記されているように、人間は言葉を発することによって意志を伝え合い、情感を深めます。とんでもない誤解の元になることもありますが、言葉は本来、共通の理解を深めるための手段です（このことについては、二〇〇五年に書いた『社会主義はなぜ大切か』で論述しました）。言葉の意味を慎重に探ることが、考えるということです。

ラブレターを書く代わりにラインだかでやり取りすることが流行り、言葉の重さはいっそう摩滅しつつありますが、言葉の本質は変わりません。揚げ足取りに陥らないように気をつけながら、慎重に言葉を吟味することが大切だと、私は考えています。

同時に、人間は、心に残る名曲を聴いて感涙し、美しい絵画に出会って心を和ませます。人間はとても奥深い存在なのだと思います。

「まえがき」の最後に、本書の構成について説明します。七つの章からなっています。

第Ⅰ章　日本共産党の現状と存在理由

第Ⅱ章　共産党を捉える私の立場と歩み

第Ⅲ章　日本政治の四つの主要問題と日本共産党

この章では、自衛隊、憲法、象徴天皇制、原発の四つの主要問題を取りあげました。

第Ⅳ章　不破哲三氏の歩み

第Ⅴ章　不破理論とは何か

この章では、「社会主義革命」か「社会主義的変革」か、組織論、未来社会論、「社会主義生成期」論とソ連邦評価の動揺・誤りを取りあげ、不破理論の特徴と限界を明らかにしました。

第Ⅵ章　日本共産党の歴史

この章では、戦前の二三年間、六一年綱領の確定、ソ連邦共産党や中国共産党との熾烈な闘争の経過とその意味を明らかにしました。

第Ⅶ章　日本共産党を改善する方途

この章では、どうしたら共産党を改善できるのかについていくつかの提言を示しました。さらに、戦争法が制定された現下の政治情勢についての補論を加えました。

巻末に、共産党の大会ごとの「党勢」、国政選挙での得票数などの表と村岡到主要著作の一覧表も付けました。

是非とも検討していただき、批評・批判を寄せて下さい。

不破哲三と日本共産党——共産党の限界を突破するために

まえがき　1
第Ⅰ章　日本共産党の現状と存在理由
——平和と民主政を志向する日本民衆の結晶　11
共産党の現状——「大運動」の結果　19
〈付〉　理論的能力の衰弱さらすハウツー本　22
——浜野忠夫『民主連合政府をめざして——党づくりの志と構え』
1　広告から消えた宣伝文句　22
2　「不破さん」の党？　24
3　「民主集中制」が出てこない「組織論」　25
4　共産党の党勢と党活動の実態　26
第Ⅱ章　共産党を捉える私の立場と歩み　29
1　共産党を捉える私の立場　29
2　私の歩み　32
第Ⅲ章　日本政治の四つの主要問題と日本共産党　43

Q１　自衛隊をどのように捉えていますか？　44
〈付〉〝撤回〟された「安保条約凍結」論　60
〈付〉或る仮説　63
Q２　憲法をどのように捉えていますか？　64
Q３　天皇をどのように捉えていますか？　72
Q４　原発をどのように捉えていますか？　79

第Ⅳ章　不破哲三氏の歩み……87

不破哲三氏の八五年　87
幼年期　小説を書く小学生の軍国少年　90
敗戦、共産党への入党、東大時代　96
後町七加子さんと結婚　102
鉄鋼労連書記時代　104
ペンネーム「不破哲三」誕生、健筆ふるう　105
党中央の専従として頭角を現す　109
ベトナム、中国、北朝鮮を訪問　112
衆議院選挙に立候補、当選　117
宮本顕治議長に引導を渡す　119

家庭生活の様子　124
不破家の住居　124
長女千加子さんについて　127
山登りが趣味　128
不破氏を支える妻七加子さん　130
外国訪問と対談　134
第Ⅴ章　不破理論とは何か？……137
1　不破理論を検討する前提　137
2　「社会主義革命」か「社会主義的変革」か？　139
3　組織論をなぜ語らなくなったのか　142
4　未来社会論のあいまいさ　147
A　「青写真」は要らないのか必要なのか　147
B　「社会主義・共産主義」とは何か？　150
C　マルクスは人類の「本史」と書いたのか　154
D　「結合した労働」とは何か？　156
5　「社会主義生成期」論とソ連邦評価の動揺・誤り　160
6　不破理論の特徴と限界　164

第Ⅵ章　日本共産党の歴史……172
1　戦前の二三年間――弾圧下で党を保持　174
2　敗戦後の一〇年余　176
3　六一年綱領の確定　184
4　政策活動に踏み出す　187
5　ソ連邦共産党、中国共産党との熾烈な闘争　188
6　ソ連邦崩壊後に生き残った政党　191
7　「五〇年分裂」と二つの「干渉」の歴史的背景　194
8　「五〇年分裂」で問われた理論的問題　196
9　二つの共産党による干渉をはねのけた闘いの意義と限界　199
第Ⅶ章　日本共産党を改善する方途……203
〈補論〉　参議院選挙で柔軟な新戦術を　214
――「九・一九志位提案」を活かす道
「九・一九志位提案」の要点とその影響　215
なぜ「国民連合政府」と呼称するのか　217
「衆議院の解散・総選挙」が消えた「幹部会の決議」　218
「自衛隊活用」へ大転換？　219

参議院選挙で柔軟な新戦術を　220
二〇一五年安保闘争の敗北と新しい芽　221
あとがき……………………223
村岡到主要著作　巻末　10
参照文献　巻末　6
日本共産党の党勢など　巻末　4
人名索引　巻末　1

引用出典については、本文に書き込み、その著作などは巻末に整理しました。文中では、書名は簡略に表記しました。〔　〕内は村岡到による補足です。

村岡の著作については、別に一覧表を作りました。

日本共産党の大会報告については、その都度、『前衛』臨時増刊号が刊行されています。本文では頁数だけ記しました。

人名の敬称は死没者については省略しました。

第Ⅰ章　日本共産党の現状と存在理由
——平和と民主政を志向する日本民衆の結晶

安倍晋三首相による安保法制＝戦争法案をめぐる国会での論戦でもっとも鋭く政府を追及したのは、日本共産党です。例えば、八月一一日には参議院安保法制特別委員会で、副委員長の小池晃氏が防衛省統合幕僚監部の内部文書を入手して取り上げて質問し、政府を窮地に追い込みました。この文書は「取扱厳重注意」と記された、機密文書です。さらに九月二日に同党の仁比聡平氏が参議院安保委で、河野克俊統合幕僚長が昨年末に訪米し、米軍幹部らと会談した際の内部文書を暴露しました。

また、戦争法案の危険性の暴露と反対運動の報道を日刊紙「赤旗」や「赤旗」日曜版で連日大きく展開することの意義は計り知れません。マスコミの報道が右傾化して「自主規制」が強化されるなかで、もし「赤旗」が無かったらと想像するだけで背筋が寒くなります。紙媒体の伝達が低下しているとはいえ、日刊紙の役割は依然として大きく、共産党が日刊紙を発行している意義を過小評価してはなりません。

前記の機密文書をどうやって入手したのかその経緯は分かりませんが、共産党が窃盗を働くことはありませんから、内部の誰かが共産党を信用して渡したのでしょう。スパイ小説の推理を援用することはありません。いずれにしても、こういう文書を入手できる位置に共産党は存在し、かつそれを活用して参議院で相応の時間を使って質問できるのです。

この事実の重さをまずしっかりと理解しなくてはなりません。このことが可能であるためには、いくつかの高いハードルがあります。第一に、政府の戦争法案に明確に反対する立場が必要です。第二に、国会で質問時間を確保するに足る議席が必要です。第三に、その政党に対する信頼感が必要です。第四に、その情報を活用する能力が必要です。そして最後に、これらの条件を備えていることが周知の事実として存在していなくてはなりません。そして、この五つの条件を満たしているのは、共産党いがいには存在しないのです。衆議院には二一議席、参議院には一一議席を確保しています。

かつて一九五九年には、国会議員を二四九人も抱えていた社会党は一九九六年に三分解して消滅し、その後継政党である社民党は今やわずかに衆参あわせて五人しかいません。「社共を乗りこえる」と呼号した新左翼は半世紀以上を経て、いくつもに分散し、どの党派も一人も国会議員はいません。新左翼党派の組織構成員は三桁が大半です。共産党の〇・一％ほどです。半世紀前には共産党や社会党を「既成左翼」と蔑み、自らを「新左翼」と自称していましたが、今や「旧新左翼」という言葉すら使われなくなりました。

地方自治体に目を向ければ、首長選挙では共産党が候補を立候補させないと、対抗馬がいなくて無投票当選となる場合がけっこうあり、市民は、投票の機会を失うことになります。

こうして、日本の現在の民主政（民主主義よりも適切な用語。「主義」ではなく、「政治制度」であることをイメージしやすい）を成り立たせている重要な構成要素として、共産党は位置し機能しています。共産党が好きだとか嫌いだとか、支持するとかしないとか、共産党の主張を誤りだと批判するしないにかかわらず、まずこの事実を率直に真正面から認識することが大切です。マスコミなどでは依然として「共産党外し」の尾を引いている場合もありますが、この認識をはっきりさせると、次に、どうやって共産党はその位置に立っているのか、を探ることになります。社会党が解体し、新左翼党派が衰退していることを直視すれば、なぜ、共産党だけが存続しているのか、その理由を理解する必要が生じます。「自然成長」という言葉がありますが、社会的な出来事の多くは「自然成長」することはなく、主体的な努力によってこそ、自己の存在を保持・発展させることができます。まして、政党という、絶えず争い・競争にさらされている組織の場合には、特に主体的な努力が求められます。そうなると、共産党の主張がどういうものであり、またいかなる歴史を経てきているのかを知ることが必要となります。それらの理論と歴史の問題については、後の章で明らかにします。

その前に、明らかにしなくてはいけない問題があります。共産党はどういう人たちによって支えられているのでしょうか。

党員の職業別の構成はどうなっているのでしょうか。たった一度だけ党大会で発表されたことがあります。一九八七年の第一八回党大会で「労働者党員六五・五％、農民党員二・六％、勤労市民党員八・九％。知識人党員四・五％」と明らかにされたことがありました（一二〇頁）。年齢構成は「三〇歳代三六・八％、五〇歳代以下の青壮年七七・五％」でした。その後は発表されていませんが、大きな変化はないと思われます。男女の比率はどうでしょうか（トランス・ジェンダーの問題はここでは捨象します）。この大会では「婦人党員三八・三％」と報告していました。二〇一〇年の第二五回党大会では「女性党員が五割近い」と変化しています（一一九頁）。なお、大会に出席する代議員の職業分布については、一九七三年の第一二回党大会で公表されたことがあります（二七五頁）。

近年は「高齢化」が急ピッチに進行しています。二〇一〇年九月の第二回中央委員会総会（二中総、以下同様に略記する場合もある）では、「今回の『現勢調査』の結果では、現在のわが党の世代的構成は、六五歳未満の党員は約六割、六五歳以上の党員が約四割という構成であることが明らかになりました〔日本全体では現在は六五歳以上が二六・七％。ただし共産党員は一八歳以上〕。長期的推移でみると、一九九七年時点での世代的構成は、六五歳未満が約八割、六五歳以上が約二割でした」。この猛暑の夏に私の家に「赤旗」を配布・集金に来るのは、高齢の党員です。大会で選出される中央委員の平均年齢が報告されたことがありましたが、一九八二年の第一六回党大会では一八九人で五四・六歳でした（一五七頁）。二〇一四年の第二六回党大会では計算すると六一・一歳です（一五三人）。六・五歳あがっています。「高齢化」の進行と並行して、死亡する党員も少なくありません。近年は大会ごとに前大会以降の死亡数を発表していますが、第二六回党大会では、「四年間に一万八五九三人が死亡」（九頁）しています。年に四五〇〇人です。二〇〇〇年の第二二回党大会では「三年間に八〇三五人」（七二頁）でしたから、一・六倍も増えています。

党員の党歴年数や離党者の数や入党した人が延べ何人なのかも知りたいところですが、そのデータは公表されたことがありません。職業別の構成や年齢構成や男女構成など基礎的数値を大会ごとに発表したら良いと思いますが、そうなっていません。

党員の資質や志向性はどうでしょうか。平和志向が多いことは明らかです。貧富の階層から見れば、大金持ちは稀で、比較的に貧しい階層に属するでしょう。一旗あげようという上昇志向は強くないと思われます。立身出世を重んじる人は寄ってきません。強情な性質の人もいるでしょうが、穏やかな人のほうが多いと思います。総じて真面目な人たちと言うことが出来ます。以前に私の家に「赤旗」を配達していた年配の党員は、「共産党に入ったおかげで、女にもバクチにも手を染めることがなかった」と話してくれたことがありました。国鉄の労働者だった人でした。

そもそも共産党に入党することは簡単ではありません。根づよい「反共風土」のなかでは、国家権力による弾圧を覚悟しなければならず、それに打ち克つ勇気を必要とします。社会の変革をめざす、自分の人生を賭けた決断です。何かのサークルや同好会に加入することとはまったく違います。党の勢いが盛んだった一九七〇年代頃には、学生の場合には「決意書」を書いて提出し、不十分なら書き直すことも稀ではなかったと、早稲田大学時代に党員だった人から聞いたことがありました。

共産党員のもう一つの資質は、組織と理論の重要性について認識していることです。自分たちの目標を実現するためには、社会を変革するテコとして組織とともに組織を支える理論が必要だと考えています。だから、共産党では党の綱領が重要視され、理論活動が重要だとされています。「理論家」が尊敬される傾向が根づよく存在します。特に指導的部分ではそうです。一九八二年の第一六回党大会で、宮本顕治委員長は出版活動に触れて、「党幹部の場合にはたまにか何年ぶりに一冊でるというのではなく、やはり十冊二十冊とありますので、そのたびごとに出版記念会をやれば、……みなさん方に迷惑をかける」と報告し、（爆笑）を誘っていました（二五頁）。他の政党では、こんなことは絶対にないでしょう。今や、後述するように、その面影はどこにもありませんが、この傾向は残っています。

ただ、注意して置いたほうがよいことは、理論の重要性について認識していることと、その人の理論の内実が正確・豊富であるのかは別次元であるということです。何時だったか忘れましたが、「赤旗」に、「マルクス・エンゲルス」と言うので、一人の人名かと思っていたという老年の党員の話が書いてあって、ビックリしたことがありました。そういう党員もいるでしょうが、全体的には知識や学習の水準も意欲も低くはないでしょう。本能的にせよ意識的にせよ、空腹の時には食べなくてはいけないと知っていて食べれば生き続けることができるでしょうが、食べることの大切さを軽視して、食べなければ餓死します。大阪の放言「政治家」のように理論を軽視して「政党は必要に応じて離合集散すればよい」というのでは、まともな政党をつくることはできません。とはいえ毒まんじゅうに手を出せば死んでしまいます。本当は正しく豊かな理論が必要なのです。

理論や方針についてのこのこだわりは、文書の「読了」という、他の政党にはない独特の用語によって点検・強化されています。党員が文書を読んだことを以前は「日報制」によって中央に報告までしていました。この「日報制」は、一九八六年一一月の幹部会決定によって廃止されました。最近は、

「視聴」などという指数も登場します。読まなくても党の事務所でビデオを見るだけでもよくなりました。世間全体の流れと同じで、理論的関心が弱まっているようで、党の綱領や中央委員会総会の決定の「読了率」も三〇〜四〇％ほどに下がっています。二〇一〇年九月の二中総では「党を語る力の土台となる綱領学習は、読了党員で四〇・六％、第二五回党大会決定の読了・徹底党員は三三・五％にとどまっています」と報告されていました。また、「地区委員会の常勤常任委員は、一九九七年と比較して、一三七六人から九一八人へと大きく減っています」。半数以上の党員が綱領や決定を読んでいません。大会で報告されている数字を巻末の表に抜き出しておきました。

共産党員のいわば典型的な姿について、例えば二〇〇六年の第二四回党大会で志位和夫委員長が「結語」で語っています。

志位氏は、福島県の農村に移住して「空白克服」をめざす代議員の発言を取り上げ、「わが党のあり方そのものでもある」と称賛しました（一〇八頁）。大会会場は「拍手」で応え感動が広がりました。「空白克服」とは、共産党の議員がない地域に移住して議員に当選することです。この女性代議員は、近所の人からの「『野菜をもっていくけ〔かい〕？』という言葉を決しておろそかにしてはなりません」と報告しました（一〇七頁）。交流の端緒だからです（ネットで調べたら二〇一一年3・11東日本原発震災で被災した町で、この党員は同年一一月に町議選で当選していました）。あるいは「二五年間配達・集金の活動」を続ける党員に、志位氏は触れています（一一一頁）。このような下部党員の不屈のたゆみない努力によって、共産党は支えられ、活動しているのです。共産党について語ったり、批判しようとするのなら、戦争を憎み平和を希求する、真面目な労働者が共産党を支えていることを、私たちは片時も忘れてはいけません。共産党は、平和と民主政を志向する日本民衆の貴重な結晶として存在しているのです。

どんな種類の集団や政党であれ、しっかりと纏まって組織されるためには、その組織の目標を何らかの「理論」として表示し、組織を束ねる約束事が必要です。後者は、普通は「規約」とか「会則」として明示されています。ヤクザにも掟があります。この二つの要件が厳しい組織も緩やかな組織も存在します。大学のサークルや趣味の会なら緩やかですが、共産党は厳しいほうに属します。「理論」は「綱領」という形で党大会において決定されています。

この共産党の「綱領」を支え、そこに貫かれているのは、「マルクス・レーニン主義」と称する理論です〔A〕。こう書くと、一九七六年の第一三回臨時党大会で、この言葉を「科学的社会主義」に変更したことを知らないのかと注意されそうですが、もちろんそのことを知らないわけではありません。確かに用語のレベルで言えば、「マルクス・レーニン主義」は捨てられました。

そもそも「マルクス・レーニン主義」とは、マルクスが『共産党宣言』の第一章の書き出しで「これまでの社会の歴史は、階級闘争の歴史である」という著名な一句で強調した「階級闘争」と、さらにレーニンが『国家と革命』で書いた「階級闘争の承認をプロレタリアートの独裁の承認に拡張する人だけが、マルクス主義者である」（レーニン全集第二五巻、四四四頁）という命題とを中心核として成り立つものと理解されてきました。レーニンは、「階級対立の非和解性の産物としての国家」と強調しました（『国家と革命』第一章第一節のタイトル）。「階級国家」論とも言われています。「プロレタリアートの独裁の承認」については、共産党は第Ⅴ章で明らかにするように、この用語を捨て、今や不破氏が「議会を通した多数者革命」を強調しているように、そこからともかく離脱したと言えます。

ところが、「階級闘争」や「階級国家」は依然として明確な理解に到達していないのです。不破氏は、今年五月に民主青年同盟（民青）が主催する「科学的社会主義セミナー」で講演し、すぐに『マルクスと友達になろう』というパンフレットになりました。不破氏は、そこで「政治を動かす支配階級」などと、「階級」を強調しているのですが、なぜか「階級闘争」とは言いませんでした（一八～一九頁）。うっかりしていたというのではなく、「階級闘争」という捉え方＝表現でよいのかどうかを迷っていると見たほうがよいと思います。共産党の理論を独占的に打ち出している不破氏は、きわめて多産ですが、「国家論」を正面から論じた著作はありません（第Ⅴ章　不破理論とは何か？参照）。

共産党の現状――「大運動」の結果

共産党は、自分たちの勢力を「党勢」という独特の用語で表現しています。共産党は、今年六月九日から九月末まで「戦争法案反対・党勢拡大大運動」を展開してきました。この「大運動」の責任者＝本部長は山下芳生書記局長です。

まず、六月九日に幹部会から発せられた呼びかけでの目標を確認しましょう。

「全党的には二万人を超える党員拡大をめざす」。「昨年の総選挙時を回復・突破することを目標とする。この目標は、全国すべての支部が一カ月に日刊紙一部、日曜版二部以上を増やせば達成可能な目標である」と示されています。党員の絶対数は示されていますが、「赤旗」のほうは記されていません。現在は支部は約二万です（二〇〇〇年の第二二回党大会では二万六〇〇〇でした）。大運動の期間は三カ月と三分の二ですから、掛け算すると約二二万部という大きな数です。逆にいうと、「昨年（一二月）の総選挙時」から大運動開始の半年間に約二二万部減っているということです。

その結果は次の通りです。「五〇〇〇人を超える新入党員を迎えました。『しんぶん赤旗』読者は、日刊紙二六一〇人増、日曜版一万四四四人増」です（「赤旗」一〇月二日）。

一〇月六日に共産党は幹部会の決議を発表しましたが、そこでこの大運動について、「入党決意」は「目標比二五・四％」と数字を上げましたが、「赤旗」読者については「目標に照らすならば、前進は端緒的なものである」と情緒的に記しているだけです。二二万部増やさなくてはいけないはずなのに、わずか一万三〇〇〇部ですから、確かに「端緒的」でしょうが、今年前半の趨勢に戻れば数カ月でまたスタート時点に減部するかもしれません。深刻な事態であることは歴然です。〈追記〉私の危惧の通り一〇月は、「入党が五三六人、『赤旗』は三七一六人減」となりました（「赤旗」一一月三日）。

実は、二〇一一年の三中総で突如「赤旗日刊紙の危機は猶予できない。毎月七億円の売上げに対して二億円の赤字」と報告され、月額二九〇〇円を三四〇〇円に値上げすると決定し、二万部の増加を目標にしました（日刊紙は二四万部と発表されました）。昨年一月の第二六回党大会では、党員は三〇万五〇〇〇人、「赤旗」は一二四万一〇〇〇人と公表されました。恐らく現在は「赤旗」は一〇〇万人を切っているのではないでしょうか。「赤旗」の収支は値上げの時点よりもさらに悪化しているでしょう。「赤旗」の発行は一二年六月五日から二版から一版になりました（八〇年代には一〇版でした）。

党員数は、二〇一〇年の第二五回党大会では四〇万六〇〇〇人、「赤旗」は一四五万四〇〇〇部でしたが、一二年五月に二五年ぶりに開いた全国活動者会議で、党費未納など「実態のない党員」を整理したら、「約三二万八〇〇〇人に減少し」てしまいました。

共産党は、現在、国会には衆議院二一人、参議院一一人の議員を擁しています。地方自治体の議員は、二〇〇五、六年がピークの「平成の市町村大合併」の前には四〇〇〇人を超えていましたが、第二六回党大会では「現在は二七〇〇人台で、自民党、公明党の二九〇〇人台に次ぎ、第三党となっている」（四四頁）と報告されています。

今年一月の三中総では、志位委員長は「『本格的』な『自共対決』になっていると強調し」、「次期国政選挙の目標を比例代表選挙で『八五〇万票、得票率一五％』以上」と引き上げました。戦争法案反対闘争のなかで、「自共対決」は「野党共闘」へと転換されました。

共産党の歴史については、第Ⅵ章で明らかにします。合わせて、一九五七年の第七回党大会から二〇一四年の第二六回党大会まで、トップの人事、その主要な出来事、党勢の推移、国政選挙での得票数、得票率を表にしてまとめることにしました（巻末に添付）。

第Ⅵ章でも触れますが、共産党は、党の歴史＝党史をきわめて重要視しています。しかし、「九〇年史」は三年経過してもまだ刊行されません。不破氏は『スターリン秘史』に熱中するよりも、「九〇年史」の執筆に努力すべきなのです（『四十五年史』から『八十年史』の七冊の刊行年とその分量については、『日本共産党をどう理解したら良いか』二四頁に整理してあります）。

〈付〉理論的能力の衰弱さらすハウツー本
――浜野忠夫『民主連合政府をめざして――党づくりの志と構え』
（新日本出版社、二〇一五年）

著者の浜野忠夫氏は、日本共産党常任幹部会員で副委員長、今年八三歳です（八〇歳代の常任幹部会員は二歳上の不破哲三氏と二人だけ）。

1　広告から消えた宣伝文句

本書の中身の検討に入る前に明らかにすべきことがあります。この著作は「赤旗」で四段全幅の大きな広告が二月一〇日いらい何回も掲載されています。七月五日の広告には、大きな活字で「『人の力を引き出すヒントが豊富』と、会社社長も注目した話題の書！」と書かれていました。「会社社長」ということは、資本家だと思いますが、なぜ資本家の推薦の言葉が大きく書かれているのか、いぶかしいことです。

七月一五日にも同じ大きさの広告。一〇日前の広告の同じ位置には「新鮮さが魅力!……」という別の文句が書かれていたので、資本家の推薦文句がなくなることは当然だと思って、よく見たら、広告の左端に小さな活字で同じ文句がありました。

さらに八月四日にも同じ広告。ところがこの広告には、資本家の推薦文句は消えてなくなりました。いったい、この変化は何を意味するのでしょうか。最後の広告から資本家の推薦文句が消えたということは、この広告の文句の掲載は誤っていたということです。なぜ、こんな無様なことになるのでしょうか、その原因を明らかにする必要があります。私は、資本家の発言はすべて間違っているなどという偏狭な立場には立っていませんが、共産党の組織論の宣伝のトップに資本家の推薦文句を配置することは正しくないと考えます。生産現場における労働者と資本家との対立を明らかにすることが、現代社会の変革の要だと考えるからです。この基本認識が薄れていることを、浜野氏の著作の広告の変化は明らかにしたのです。

もう一つ。七月五日の広告には、「新しい日本共産党綱領と規約に基づいた組織論を初めて体系的に展開した本として、新鮮度抜群!」とも書いてありました(傍点:村岡)。この文句は次からは消えました。なぜでしょうか?「新しい日本共産党綱領」はいつ決定されたのでしょうか。二〇〇四年、今から一一年前です。このことを記憶している人なら、「初めて」というのだから、この一一年間「組織論〔は〕体系的に展開」されたことがないと知ることになります。そういう恥ずかしいことを宣伝文句にできるとは、呆れるほかありません。だから、次からは使えなくなったのです。

2　「不破さん」の党？

中身の検討に移りましょう。

ここでもいわば形式的なことをまず指摘しなくてはなりません。本書には共産党の委員長である志位和夫氏はフルネームでは登場しません。逆に「不破哲三議長」「不破さん」は頻回に出てきます。「宮本顕治さん」と一度だけ書かれています。しっかりした校正者がいればこういう形式的なドジは起きませんが、校正者と著者の関係が良好でないと校正機能が発揮されないこともあります（例えば、校正者が著者に遠慮しなくてはならない場合）。編集・校正の経緯は知るよしもありませんが、ともかく志位氏と宮本は軽んじられています。「不破哲三さん」だけが特別扱いで尊敬されています。

どうしてこんな形式的なことに留目するかというと、或る事情で離党した筆坂秀世氏がもう一〇年も前に著した『日本共産党』（新潮社）で、二〇〇四年の出来事として、病気療養中の志位委員長が党の政策委員会に意見を伝えてきた時に、「浜野氏は『彼（志位氏）には意見をいう資格はない』と公然と述べたというのである」（一〇二頁）と暴露していたことを思いだしたからです。「病気で戦線離脱しているのだから、その資格はないというわけである」。理屈はそうかもしれませんが、浜野氏が志位氏を見下しているのは明らかです。その姿勢が、本書にも顔を現したのです。本書を読むと、まるで「不破さん」の党であるかのようです。

3 「民主集中制」が出てこない「組織論」

そろそろ理論の中身の検討に進みましょう。「組織論を初めて体系的に展開した本」というので、期待して読み始めましたが、何と本書には「民主集中制」という言葉が一回も書かれていません！　ただ呆れるほかありません。「民主集中制」は、共産党の規約に明示されている共産党の組織論を表す基本概念です。それに一度も触れずに、「組織論を体系的に展開」することができるのでしょうか？

私はすでに一〇年以上も前から、不破氏をはじめ共産党は組織論を書かなくなったこと、「民主集中制」に言及することが極端に少なくなったことを一貫して指摘してきましたが、今度もまたそのことをはっきりと示してくれました。

浜野氏は、「県・地区が方針を決定するときは双方向・循環型で（党規約第15条）」（七三頁）という小見出しを付けて説明しています。しかし、その党規約第15条には、「双方向・循環型」などという言葉は書かれていません。この本には規約は添付されていないので、小見出しだけ読むと、あたかも規約にそう書いてあるかのように「工夫」してありますが、詐欺です。規約第15条の「党機関が決定をおこなうときは、党組織と党員の意見をよくきき、その経験を集約、研究する」を「双方向・循環型」と読み替えるには、よほど歪んだ矯正レンズが必要です。

だから、組織論として検討すべき内実はゼロです。取り下げられた広告の宣伝文句とは逆に、本書は理論書ではなく、機関の党員の心構えを説教するハウツー本にすぎません。共産党の理論的能力の衰弱をさらすだけです。

ただ、共産党の現在の組織の実態については知ることができます。

4　共産党の党勢と党活動の実態

まず、いわゆる党勢について。党員は「現在三〇万人を超える」（一二三頁）とあります。第二五回党大会（二〇一〇年一月）前に「『実態のない党員』の解決」によって、「四〇万の党から三〇万の党に後退しました。一二万の離党者が出たのです」（一四八頁）。〔 〕内は浜野氏の記述にはありません。数字は和数字に替えました。

入党に関して、浜野氏は、「生活相談で飛び込んできた経歴のわからない人を、相手の反応がいいからといってすぐ入党をすすめるというやり方はやめるべきです」（一五四頁）と教示していますが、ビックリする実態です。

問題はその党員の活動実態です。

共産党は党の方針や綱領を読むことを重視していて、「読了」なる党内用語で毎月の「党報」によってその率を調べて、時どき発表しています。「現在の読了は全党的に四割をこえたところです」（一六三頁。過去最高の読了は第一一回党大会決定で七七・八％でした）。最近は、下がってしまったためか、この数字を示しません。

「三〇年ぶりに新入党員を迎えた支部では、教育をする側の党歴の長い支部長が、『新しい綱領全文を読んだことは、このときが初めてだ』ということもありました」（一五一頁）。党歴の長い支部長が長い年月、綱領全文を読んだことがないというのですから、呆れるほかありません。

浜野氏は、第二五回党大会二中総〔二〇一〇年九月〕の数字をあげています。

「党費納入六二％、選挙活動参加五～六割、支部長のいない支部四・八％、一カ月に一度も支部会議を開かない支部二割」、「地区の常勤常任委員は一九九七年の一三七六人から九一八人へと大きく減っている」。「赤旗」の部数は、「一四〇万弱」としています（九一～九二頁）。

浜野氏は、現在の部数を示していません。浜野氏も出席した昨年一月の第二六回党大会では、「一二四万一〇〇〇人」（党大会報告、九一頁）と発表していましたが、忘れたのでしょうか。現在ではさらに減っているはずです。

共産党の基礎的組織を「支部」といい、三人以上の党員で構成されます。〔現在約二万の支部があります。七月二五日、山下芳生書記局長〕。「支部長会議」について、「大体二、三割の支部長が参加して会議を開いているところが少なくない」（一四〇頁）。二〇〇〇年の第二二回党大会では二万六〇〇〇の支部がありました。七七％に減っています。

「現在の状況を見ますと、毎週一回定期に支部会議を開いている支部は全国一八・六％です。……未開催は一九・七％です。……党費納入では三割が未納になっています。……〔「赤旗」〕日刊紙を読んでいない党員は三五％になっています」（一五九頁）。

地方自治体の選挙に関して、浜野氏は驚くような例をあげています。

「経歴もよくわからないのに、……候補者に決めて当選させた後で……議員にすべき同志でなかったことがわかった」(一〇四頁) 例があります。なお、細かい言葉遣いのレベルですが、「当選させた」に党優先の尊大さを感じます。党が「当選させた」のではなく、有権者によって当選させてもらったのです(本人なら「当選しました」と言えばよい)。この言葉遣いには先例がありました。「不破さん」が、『日本共産党史を語る』で一九六三年の衆議院選挙で「大阪では志賀〔義雄〕を当選させました」と講義していました(下、一七頁)。

浜野氏は、「幹部がいない、専従者になる同志がいない、ということも機関体制が弱まっている大きな一つの要素になっています」(一八六頁) と嘆いています。

浜野氏によると、共産党には「大県」という党内用語があります。「東京、大阪、京都、北海道、神奈川、埼玉、愛知、兵庫、福岡、千葉、長野を〝大県〟」と言います。「この一一都道府県」で、「党員数では六二%、日刊紙読者数で六七・五%、日曜版読者数で五九・五%」(三四〜三五頁) です。

浜野氏は、国政選挙での目標を大会決定どおり「六五〇万票、得票率一〇%以上」(二一〇頁) とかかげ、「市民道徳と社会的道義を大切にした党建設」(二一〇頁) を強調していますが、以上に明らかにされた実態では、その実現は極めて困難です。なお、浜野氏は、大会ごとに強調されている党員の「高齢化」には触れず、「世代的継承」というキーワードをなぜか使っていません。

これが、共産党のトップ幹部の「組織論」だというのですから、党の理論的衰退はかなりのものです。

第Ⅱ章　共産党を捉える私の立場と歩み

この章では、私がどういう立場から日本共産党に関わっているのかを明らかにしたいと思います。私は、一九七八年いらい、〈共産党との対話〉を呼びかけていますが、なぜこの立場を貫いているのかを理解してほしいからです。合わせて、私がこれまでどのように生きてきたのかをごく簡略に振り返ります。なぜ、そうするのかは、本章の終わりで説明します。

1　共産党を捉える私の立場

話は半世紀近く前の私の体験ですが、その頃、私は新左翼党派の活動家として活動していましたが、農村に実家がある友人が何かのデモで起訴された後に、彼の母親が彼に「今度の選挙で共産党に初めて投票した」と言ったというのです。普段は政治の話などしたことがない彼女には、息子は共産党とは違う（敵対する）新左翼のメンバーであるという区別はつきません。戦争に反対する息子の味方であることを勇気をもって選択したのでしょう。一九六〇年代に農家の主婦が共産党に投票することは大変なことなのです。私は、友人からこの話を聞いた時に、母親は大きな一歩を踏み出したと感動しました。この母親にむかって「日共は反革命だ！」などという批判はほとんど意味がありません。彼女はもちろん党員になったのではありません。投票しただけです。しかし、この行動をどのように評価すべきかについては、同じ姿勢が求められるでしょう。彼女の一歩に共感することを出発点にしてはじめて、彼女の視野を広げる対話が成立するのです。

私がなぜこの時にそういう判断をしたかというと、私はその体験の以前に、次のような文章を読んでいて、しっかり記憶していたからです。

「わたしのところにくる一人の労働者党員は、赤ん坊の背にふるびたザブトンをあてそれを背中にせおって自転車にのって、新聞をくばってくる。かれがガリ版刷りの新聞〔用に〕もってくる原稿は……字もまちがいだらけだ」。「これらの人びとにむかって『君たちはいったい「資本論」をどうして読むのだね』と冷笑する御用評論家と、誤字だらけな原稿で変にむずかしい漢語をつかったりして文章をかくこの労働者と、いったいどっちに対して寛容でなければならないか。未熟ながらも理想にむかってすすむ弱い人間の蹉跌、その蹉跌からの立ち上がりをみずから体験することなく、……知ったかぶりの批評をくだす人間のなかに、私はヒューマニティーをみとめることはできない」。

この美しい文章は、私が敬愛する哲学者梅本克己が一九五二年に書いた論文「共産主義的人間の形成」の最後に出てきます（『唯物論と主体性』二五六頁）。何回読み返しても、そのたびに涙ぐみます。

確かに党大会のたびに、「社会的道義」が強調されていることが逆証しているように、品性に欠ける党員や不真面目な人や犯罪を犯す党員もゼロではないでしょう。あるいは、一九八二年の一六回党大会で宮本顕治が「党の分裂をまねく……苦い教訓」として言及している「出世主義分子、排他的な投機主義分子」（二八頁）とされる党員も存在したでしょう。しかし、それは例外であって、そういう人が多いとするなら、共産党が今日まで存続することは出来なかったはずです。ですから、その種のネタに頼って、共産党を批判したつもりになるのは、恥ずかしい愚行にすぎません。

もう一つ、理解しなくてはいけない不可欠の前提があります。社会に存在する人間や、その人間がつくる組織には、完全無欠の真円な存在はあり得ないことを知り理解することが必要であり、きわめて大切です。図示すれば、楕円はおろか、凸凹の曲線で表わすほかありません。小さくない欠損もあるかもしれません。そうであっても、人間や組織は、自らがめざす目標に向かって歩みます。目標が不明確になる場合も、歪む時もあります。なるべく誠実であることが、周囲の共感を生み出し、目標に近づく道です。そして、その目標も一様ではありません。個人が生存する環境は千差万別だからです。多くの人びとが共有できる目標は何なのか、人類は遥かに大昔から賢人も市井の凡人も等しく悩み、模索してきました。

これまで共産党は数多くの批判を浴びてきました。非難も少なくありません。決して許せない裏切りに遭った。あの誤りは重大である。決定的な欠落がある。俺は絶対に許さない。それらの指摘や糾弾には誤解に発するものもあるでしょうが、何かしらの正当な根拠に拠る場合もあるに違いありません。個人の小さな出来事もあるし、歴史に残る大きな事件・闘争に関わることもあります。

しかし、どんな場合であろうと、仮にその非難や批判が正当であったとしても、その一事によって、共産党の全存在を丸ごと否定することは誤っていますし、そうしてはなりません。共産党がその「誤り」を認め、反省し是正する可能性がまったく無いと決めつけることは誰にも出来ないからです。もちろん、「誤り」にも大小や深浅はあり、刑罰に軽重があるように、許容の度合いは一定不変ではありません。その責任が重いこともあれば、小さな場合もあり得ます。

物事をこのように理解することによって、私たちはいっそう明確な認識に到達することが出来るようになります。「この問題を批判すると、共産党を全否定すると受け取られるから、今は批判を控えるほうがよい」という、よくある対応をしなくて済むからです。こんなことは、「坊主憎けりゃ袈裟まで憎い」ではいけないという昔からの知恵が教えてくれます。

2 私の歩み

私は一九四三年四月六日に横浜で生まれました。敗戦の約二年前です。三歳のころ、家族は新潟県の千手村に移りました。小さな農村です。村の東側に信濃川が流れていて、その対岸は十日町。父は国鉄に勤めていましたが、何かの理由で転職していて、長男が国鉄で働いていました。家は父母と兄姉で一〇人、貧しかったです。私は末っ子で兄や姉に可愛がられて育ちました。何歳の時のことかは分りませんが、家にあった分厚い碁盤や掛け軸が誰かに持っていかれたことを憶えています。鉄くずを拾って、廃品回収するおじさんのところでお金と替えたこともありました。敗戦という意識があるわけはありませんが、貧しいという記憶は残っています。兵隊になれなかった長男は、そのことを悔やんでいるらしく、軍歌をよく歌っていたので、小さな私も「予科練の歌」など軍歌を憶えています。

その次に記憶にある社会的出来事は、「ビキニの死の灰」です。年表を見ると、一九五四年三月一日、ビキニ環礁での米軍による水爆実験によって第五福竜丸が被爆と書いてあります。だから、小学校三年です。教室で先生が「何かありましたか？」と聞くと、私は「ハイ」と手を上げて兄たちに教えられたとおりに答えていました。

小学校五年生の時に、母の兄弟を頼って長岡市に移りました。以後、高校を卒業するまで長岡で生活しました。中学に入学した五六年、一〇月にハンガリー事件が起きた時、何故かは分かりませんが、長岡駅近くの線路沿いにあった、日本共産党の事務所を訪ねて「アカハタ」を貰ったことがありました。政治に関心があったのでしょう。どうして、そこに共産党の事務所があると知っていたのか、今も分かりません。長岡は、一九五七年の国鉄新潟闘争の拠点だったと後で知りました。

五九年に県立長岡高校に入学しました。江戸時代に長岡藩は教育に熱心で、私が卒業して間もなく一〇〇周年記念がありました。海軍の山本五十六が卒業生だと自慢する教師がいました。生徒会の名称は、「和同会」と言いました、『論語』の「和して同ぜず」（人と協調はするが、道理に外れたことや、主体性を失うことはしない）から付けられたということです。

六〇年安保闘争が起き、長岡でも集会が開かれ、参加しました。初めての政治的行動です。「毎日新聞」に私の投書が載ったと記憶しています。高校の先輩に、新左翼の全学連の活動家がいて、黒田寛一を教えてくれました。隣の商業高校の社会科の先生が共産党員で、民青（民主青年同盟）に加入するように勧めてくれましたが、新左翼に憧れていたので、そっちを選択しました。黒田の著作（『社会観の探求』など）やマルクスを良く理解できないのによく読みました。『マルクス・エンゲルス選集』補巻4の「疎外された労働」を知りました。戦後主体性論争の提起者・梅本克己がもっとも心を打ちました。「知る自己と知られる自己が自己を知る場所との統一に自覚ということの本義がある」などという呪文のような言葉を今も憶えています。その頃に分かっていた訳ではないですが、物事を総体的かつ相対的に捉えることが大切だと考えるようになりました。宇野弘蔵の『資本論』と社会主義』（岩波書店、一九五八年）も何度も読みました。「小さな声で話しても真理は真理である」というような文章が心に残っています。「労働力の商品化」こそが資本制経済の根源にあると教えられました。今度、頁をめくっていたら、「実践家の理論活動は……最も高級なもの」（一九四頁）と書いてあるところに傍線を引いていました。この文章に惹かれたのは、私がいわば「実践家の理論活動」をしているからではなく、宇野が自分の仕事ではなく、他人の仕事をより尊重していると知ったからです。反対に、自分の仕事、あるいは選んだテーマこそ一番重要だと威張る「理論家」が少なくありません。

長岡高校は受験校で、就職の世話は余りしないので長岡市の職員になろうとしましたが試験に落ちた（後日、警察からの妨害があったと知りました）ので、国家公務員試験を受けて合格しました。そして、一九六三年二月に上京して、東京大学医学部付属病院分院の事務職員となりました。三畳の一室が三〇〇〇円でした。上京前年の六月に、池袋の豊島公会堂で開かれた参議院選挙に立候補した黒田の選挙集会に参加しました。そのころはすでに革共同（革命的共産主義者同盟）の機関紙「前進」の読者でした。集会に参加した後で、府中の黒田邸での学習会にも出席しました。

参議院選挙後に、革共同は革マル派と中核派に分裂していて、上京直後には黒田からすごく太い字で、自分の分派に参加すべきだという手紙と党内文書が届いたこともありましたが、私は、連絡を取っていた人に従って中核派を選びました。中核派も革マル派も、「反帝（国主義）・反スターリン主義」をメインスローガンにして、共産党を乗りこえる前衛党をめざしていました。

同時に看護婦が中心の東大分院職員組合にも入り、男は少なかったので、すぐに書記長にもなりました。翌年に4・17ストライキがあり、共産党がストに反対したので「スト破り」などと批判したこともありましたが、組合活動では目立ったことは何もありませんでした。私は、真面目な中核派の活動家として、職場よりも地域で熱心に活動しました。この頃の私については、ロシア研究者の和田春樹氏が自著『ある戦後精神の形成』で触れています（三四七頁。『友愛社会をめざす』一〇五頁）。和田氏は当時、東大社会科学研究所の助手で、東大職員組合で接点がありました。六五年一二月には日韓条約反対闘争の国会前デモで逮捕されましたが、「三泊四日」で起訴はされませんでした。六七年の10・8羽田闘争を初め、反戦青年委員会が組織する主要な街頭デモには皆勤賞ものの参加でした。職場の看護婦や事務員を学習会に組織しました。テキストは、マルクスの『共産党宣言』『賃労働と資本』とレーニンの『国家と革命』です。

六九年の4・29沖縄闘争では五月に事後逮捕され、二一日間拘留されましたが、東京地検の検事が「お前は秋にもここに来るだろうが、その時には起訴する」と言われるだけで済みました。その通りに、その一〇月二一日の国際反戦デーで高田馬場で機動隊と渡り合って逮捕され、今度は起訴されました。中核派などに破防法が適用され、ベトナム反戦闘争が全国で高揚している時代でした。私は、小柄でケンカで他人を殴った経験もないのに、東京北部地域における組織のトップにいたので火炎ビンやゲバ棒をたくさん調達し、「完全黙秘」でもあり、当時としては長期間、拘留され、数百人の被告団の終わりから一〇番目くらいに釈放されました。長期、と言ってもわずか一年三カ月、七一年一月末まで東京拘置所に拘留されました（初めは小菅刑務所）。東大の職場からは五人が起訴されました。東大の或る職場が「都内最大の火炎ビン工場」と言われました。誰にとっても長期の拘留も覚悟するデモへの参加を決意することは容易でなく、そのオルグは相当な説得力を必要とします。私は、国家公務員だったので、起訴と同時に「休職」扱いとなり、出勤はできませんが、賃金の六〇％は支払われ、むしろ大喜びして活動にまい進しました。やがて、中核派の拠点・池袋の前進社に出入りする「常任革命家」なるものになりました。

だが、私が拘留されている間に、革マル派との「内ゲバ」が激化し、ヤクザまがいに腹にさらしを巻いたり、左足を骨折する襲撃にも出会いましたが、結局は七三年ころに中核派を離脱しました。「何かやりだしたら、お灸を据えるぞ」が、最後の言葉でした。

翌年、第四インターの「世界革命」なる機関紙に「再会」しました（獄中に配られていて、記憶していました）。一九四〇年にトップのトロツキーがスターリンの刺客に殺されても「内ゲバ」（当時この言葉はありませんでしたが）を峻拒する〈トロツキズム〉の本当の姿を知って、私は南ベトナムが解放を勝ち取った一九七五年夏に第四インターに加盟しました。しばらくは静かにしていましたが、七八年初めから「世界革命」編集部に配属されることになり、「村岡到」のペンネームを使うようになりました。私の最初の仕事は、共産党批判でした。この時、上田耕一郎の『先進国革命の理論』（大月書店）を一読したことが、人生の転機となりました。この著作で上田は、「世界革命」と書き、哲学の根本問題は貧困と向き合うことだ、と説いていました。

私は、共産党は「敵」ではなく、バリケードの内側に存在することに気づき、〈内在的批判〉と〈日本共産党との対話〉を打ち出しました。このまったく新しい提起に応える労働者の共産党員が現れ、私はこの提起に確信を深く抱きました。

第四インターは穏やかな組織で、〈日本共産党との対話〉は当初は許容されていましたが、ここでも党内闘争があり、結局、私は第四インターを脱退して、八〇年八月に「政治グループ稲妻」をごく少ない仲間と創ることになりました。「稲妻が雷に先立つように、思想は行動に先立つ」というマルクスの言葉をヒントにして名付けましたが、「暴走族みたいだね」と言われたことがありました。この年末に、私の最初の著作『スターリン主義批判の現段階』を稲妻社と命名した社から刊行しました（発売元は社会評論社）。この時期には、ポーランドの連帯労組を支援する活動があり、八二年五月に明治公園を満杯にする四〇万人を結集した反核大集会が組織され、当日はその号外が出るほどでした。

一九八九年には社会主義協会系のツアーに参加して、ソ連邦を訪問したこともありました。

その「政治グループ稲妻」は、一九九一年末のソ連邦の崩壊による左翼全体の打撃と衰退のなかで、九六年に解散を余儀なくされ、それ以後、私はどこの党派にも属することなく、社会主義理論学会、政治の変革をめざす市民連帯などを組織し、この間、『現代と展望』『カオスとロゴス』『QUEST』『プランB』などの雑誌を編集・発行してきました（発行主体はそれぞれ異なります）。『朝日ジャーナル』や『現代の理論』や『週刊金曜日』にごくたまに小論を発表することもありました。

ソ連邦の崩壊は、「社会主義離れ」を急速にかつ広範囲に生みだしましたが、私は、「社会主義再生への反省」を出発点に理論的探究に向かいました。一九九一年一〇月四日にこのタイトルの一文が「朝日新聞」の論壇に採用されました。一九九八年にアントン・メンガーの『全労働収益権史論』を読み、翌九九年末に尾高朝雄の『法の窮極に在るもの』に出会ったことが決定的な転機となりました。「社会あるところ法あり」とする法学の大切さを理解し、経済学に偏重するマルクスの限界に気づき、「自由」よりも〈平等〉に重きを置くようになりました。近年の探究では、〈友愛〉の大切さを理解しつつあることが大きな収穫だと考えています。

今年七月、日外アソシエートの『現代日本執筆者大事典』第5期（全3巻）に村岡到が収録されたことは望外の知らせでした。「現代日本を代表する作家・執筆者・研究者・ジャーナリストなど五〇〇〇名を収録している」と宣伝されている人名辞典です。高校卒というのも珍しいし、新左翼系で収録されている人はごく少ないです。「社会主義」を検索すると、三四人がヒットしますが、現在進行形で主張しているのは経済学者の伊藤誠氏、不破哲三氏などわずか数人にすぎません。東大教授だった伊藤氏とは八〇年代初めから交流しています。

この小さな歩みを振り返ると、私は、歴史に残る闘争を指導したわけでもなく、何か著名な組織の代表者になったこともありませんが、新左翼の活動家の典型の一人とは言えるかもしれません。ただ、他の人との大きな違いは、〈社会主義〉の理想を堅持し、一九七八年から一貫して揺るぎなく〈日本共産党との対話〉を追求していることです。「反共文筆家」と悪罵され、資料提供を求めて党本部を訪ねることを許されなくても、私のこの姿勢は変わりません。それが真理探究の道だからです。

なお、私の歩みについては、「回想　社会主義五〇年の古稀」でもう少し詳しく書きました（『友愛社会をめざす』に収録）。共産党との接点と出会いについても参議院議員でもあった吉岡吉典との会話などを記しました。『日本共産党をどう理解したら良いか』には不破氏の実兄上田耕一郎から、彼が現職を引いた二〇〇六年に年賀状が届いたことを、そのハガキと一緒に紹介しましたが、ここにも掲げておきます。

上田耕一郎さんからの年賀状
2006年（戌年）

また、一九八〇年代前半には、『朝日ジャーナル』に掲載された、私の共産党批判論文が契機となって、「赤旗」は五回にわたって、私への批判を加えました。私はその都度、適切に応答しました（その経過は、『友愛社会をめざす』に整理しました。一四一〜一四二頁）。なお、宮本顕治が一九九〇年の第一九回党大会で「複数前衛党論を主張する人たちがでてきています」と報告していました（二八頁）。この大会では、大会前の党内討論で、〈複数前衛党〉論に共鳴する声も出されたために言及することになったのでしょう（『友愛社会をめざす』一四四頁、『不破哲三との対話』二四四頁）。私が提起した〈複数前衛党〉論が共産党内にも小さな影響を呼び起こしたのです。宮本は、八四年には村岡を「あのトロツキストあがり」と評しました（『友愛社会をめざす』一八一頁）。

最後に、一九九一年の前記の「社会主義再生への反省」を出発点とする新しい社会主義像の理論的探究の経過と到達点について簡単に明らかにしておきましょう。

一九九六年に『原典　社会主義経済計算論争』を編集し、解説を書きました。

最初の一歩は、一九九九年に刊行した『協議型社会主義の模索』に収録しました。関連する収録論文のタイトルだけ示します。「〈協議型社会主義〉の経済構想」として、「〈生存権〉と〈生活カード制〉の構想」「〈協議経済〉の構想」、その基礎として「レーニンの『社会主義』の限界」「『一国一工場』の『通説』が隠していたもの」「『労働に応じた分配』の陥穽」「〈貨幣の存続〉をめぐる認識の深化」「『計画経済』の設定は誤り」を書きました。同時に「ソ連邦経済の特徴と本質」を明らかにしました。

二〇〇一年に『連帯社会主義への政治理論』を刊行し、そこでは、「〈社会主義と法〉をめぐるソ連邦の経験」「オーストリアの社会主義理論の意義」「『唯物史観』の根本的検討」「『まず政治権力を獲得』論の陥穽」「『普通選挙』を誤認したマルクス」「『プロレタリアート独裁論』の錯誤」「〈則法革命〉こそ活路」「『アソシエーション』視点の発展を」を収録しました。

二〇〇三年の『生存権・平等・エコロジー』では、「生存権と生産関係の変革」「ノモスを追求する意味」「平等こそ社会主義正義論の核心」「多様性と自由・平等」「自然・農業と社会主義」「『資本論』と農業」「協議生産と生活カード制」を収録しました。

二〇〇五年に『社会主義はなぜ大切か』を刊行し、「人間・言語・思考法」「社会とは何か」「『社会主義』に託してきたもの」「ソ連邦崩壊から何を学ぶか」「連帯社会主義への道」を収録しました。

二〇〇七年の『悔いなき生き方は可能だ』では、「愛と社会主義――マルクスとフロムを超えて」「宗教と社会主義――ロシアでの経験」「農業と社会主義」「社会主義と法――ロシア革命が直面した予期せぬ課題」「則法革命こそ活路」「多数尊重制と複数前衛党」を収録しました。

二〇〇九年に『生存権所得――憲法168条を活かす』、二〇一〇年に『ベーシックインカムで大転換』、二〇一二年に『親鸞・ウェーバー・社会主義』、二〇一四年に『貧者の一答』を刊行しました。内容を解説していると、別の本になってしまいますから、そうしませんが、論文のタイトルだけでもおおよその理論的深化は推測することが出来ると思います。

この文字通り拙い歩みを簡略に記した意図は、本書を手にした読者が、年配の方なら、彼・彼女が生きてきた時代とどこかで交叉し、その時代がどんなものかを振り返るきっかけになることもあると考えるからです。或る時、私は「俺もあの日にデモに参加していた」と共産党員と話が弾んだことがありました。若い人なら、「そういう時代があったのか」と知ってもらえればありがたいです。本書のテーマは「不破哲三と日本共産党」なので、不破氏がどのようにこの時代と関わったのかを、立体的に理解するヒントにもなるでしょう。また、どういう経歴と立場からこのテーマを探究しているのかをはっきりさせることが出来ます。誰からの意見・批判でも、聞くべきことには耳を貸さなくてはなりませんが、同時にどんな人間によるものかによって、そのリアリティには相違が生じるからです。

人間は、森羅万象、数多の複雑で多様な世の中を生きていきます。個人が遭遇し、接点を結ぶ事象や人物はごく限られています。青年時代に万巻の書を読破することはできず、顔を会せる人の数はしれていますし、善人もそうでない人も居ます。中国の儒者が「少年老い易く、学成り難し」と言うように、老年になってもそれほどの読書を積めるわけではありません。そしてそれぞれが、「真理の切れ端」を頼りに困難な事態を切り開いてゆくのです。「真理の切れ端」は、或る場合には人びとを対立させ、逆の場合には連帯を育みます。だが、対立と抗争を重ねていても、ふと誤解が氷解することもあれば、その奥底で通じ合う何かを見出すこともあるはずです。〈友愛〉の精神を保持し育めば、その機会は増えるでしょう。その努力の積み重ねによってこそ、現代社会の諸悪を人間は克服してゆくにちがいありません。ただその一念によって、私は自らの歩みを振り返ったのです。

一九七一年に結婚し、七三年に娘を得ましたが、九〇年に離婚しました。ロゴスと名付けたごく小さな出版社を創り、二〇〇五年に三度目の結婚をしてからは、二人でほそぼそと出版を続け今日に至っていると、付記しておくほうがよいでしょう。

第Ⅲ章　日本政治の四つの主要問題と日本共産党

この章では、現在の日本の政治において重要だとされている四つの主要問題について、日本共産党と不破哲三氏がどのように考えているのかについて明らかにします。自衛隊、憲法、天皇、原発、の四つです。いずれも重要な問題ですが、この順にした理由を説明しましょう。

自衛隊の存在をどのように理解したらよいのかは、自衛隊が一九五四年に発足していらい大きな問題として論争・対立を引き起こしてきました。現在は安倍晋三首相をトップとする自民党・公明党が政権を担っています。「一強多弱」と言われる野党の分立状態では政権交代はすぐには想定しづらいとしても、自公政権に代わる政権を考えると、直ちに重大な問題として浮上するのが、自衛隊をどうするのかという問題です。自衛隊政策を明確にしないまま新政権を誕生させることは絶対に出来ません。従って最優先して問題としなくてはいけません。日本共産党に焦点を当てて考えると、例えば原発をどうするかという問題ならば、現在では「原発ゼロ」という方針が明確に打ち出されています。ところが、自衛隊については方針が明確ではありません。そこで、本書の中心にある問題意識に照らして、この問題を第一に取り上げます。天皇の問題は、主要ではありますが、憲法の一部なので、憲法を取り上げた後で検討するほうがよいです。それで、この順で進みましょう。

Q1　自衛隊をどのように捉えていますか？

ＧＨＱ（連合国総司令部）占領下で朝鮮戦争が勃発した一九五〇年に警察予備隊が発足し、五四年七月に自衛隊となりました。現在約二三万人の隊員で世界有数の軍事力を保持しています（年間予算は約五兆円です）。ですから、「陸海空軍その他の戦力は、これを保持しない」と明記している憲法第九条違反であることは明白です（この第二項の前に「前項の目的を達するため」という文言が付けられていることを根拠に自衛隊の存在を「合憲」とする見解もありますが、それは憲法の趣旨に背く解釈です）。しかし、一九五四年に制定された自衛隊法によって成立していることも明らかですから、法学者の小林直樹氏などは「違憲合法」論を主張しています。自衛隊は、国内の大規模な自然災害に際して活発に活動しています。他国の自然災害の場合にも援助活動を展開していますす。さらに、湾岸戦争の翌年一九九二年にＰＫＯ協力法が制定され、以降、国連のＰＫＯにも参加しています。今年九月一九日に戦争法（安保法制）が成立し、集団的自衛権の行使が合法化され、地球の裏側にまで派兵される可能性が新たに生まれました。

この自衛隊を、共産党はどのように捉えているのでしょうか？　不破氏は自衛隊について何と語っていますか？

共産党の自衛隊問題への対処はけっして一貫してはいないのです。一九七三年に打ち出された「民主連合政府綱領」の柱である「革新三目標」では「日米軍事同盟と手を切り、日本の中立をはかる」が第一に掲げられ、自衛隊をどうするかには全くふれず（『民主連合政府綱領』一三頁）、将来の話として「自衛隊解散を実現できるようにすべきである」（同、二二頁）としていました。その後の変化については後で明らかにしますが、本書の脱稿直前に重大な発言が飛び込んできたので、その発言を紹介します。

一〇月一五日、志位和夫委員長が日本外国特派員協会で講演し、記者と一問一答で、記者が「有事がおきたときに自衛隊を出動させるのでしょうか」と質問したら、志位氏は「急迫・不正の主権侵害など、必要にせまられた場合には、この法律〔今回の改悪前の自衛隊法〕にもとづいて自衛隊を活用することは当然のことです」（「赤旗」一〇月一七日）と答えました！　この講演は九月一九日に共産党が打ち出した「国民連合政府」を主題としたもので、その一連の新しい動向については、第Ⅶ章の補論で明らかにしますが、「自衛隊を活用することは当然のことです」という発言は、後述の経緯からすると、従来の共産党の方針を一八〇度転換するビックリ仰天のまったく新しいものです。「自衛隊活用」は、二〇〇〇年の第二二回党大会で打ち出されたのですが、後述のようにこの時には重要な限定が付け加えられていました。「民主連合政府」が誕生した場合に限定されていたのです（補論で明らかにしますが、「国民連合政府」と「民主連合政府」はわざと類似の言葉にしていますが、まったく別です）。しかもそれ以後この一五年間にわたって例外的発言は別にして党大会など正規の場では「自衛隊活用」は封印されてきたのです。これほど重大な方針の変更＝転換が、正規の会議の討議・決定を経ることなく、志位氏の講演後の一問一答で発言されたのは驚くべきことです。

以下では、自衛隊への対応をめぐる共産党のめまぐるしい転変の動向をやや詳しく明らかにします。直近の志位講演に触れたので、その四カ月前六月二三日に同じ場所で行われた志位氏の講演と記者との一問一答を先に紹介しましょう。志位氏は、記者の質問に答えるなかで、「自衛隊活用」に言及しました。

本論に進む前に、十分に関連性もあるので指摘しておくべきことがあります。この講演と一問一答は三日後に「赤旗」に二面つかって紹介されたのですが、自衛隊に関する問答の「問い」は、「共産党が安全保障、国防についてどう考えているかを国民は知りたい」となっています。インターネットでこの講演記録を見れば、記者は「そもそも、共産党はまだ『非武装中立』という旗は掲げたままなのか。前回の会見では、〝当面天皇制は容認するんだ〟ということまでおっしゃっていたが、安全保障に関しては『非武装中立』で行くのか」と聞いたのです。天皇制の問題はここでは扱いません（Q3で取り上げます）が、記者は二度も繰り返して「非武装中立」と質問したのです。どうして、この部分は「赤旗」で削られてしまったのでしょうか。志位氏がこの質問に答えなかったからです。自分が答えなかった問題は問われなかったことにしたのです。このアンフェアなやり方には先例があったのですが、それは後で触れます。

本来ならば、志位氏は、「『非武装中立』は一九八〇年代の社会党の方針であり、共産党は一度もそうは主張していません」と記者をたしなめるべきでした。「非武装中立」の五文字は、自衛隊や安保問題を少しでも勉強していれば欠かすことができないキーワードです。「護憲」と並ぶ社会党の看板で、一九八三年から社会党委員長になった石橋政嗣は八〇年に『非武装中立論』というタイトルの著作を社会党機関紙局から出していました。質問する記者も不勉強ですが、恐らく志位氏はその知識を欠いていたのでしょう。共産党の自衛隊に対する方針は一貫していません（後述）が、一九七六年の第一三回臨時党大会で打ち出した「自由と民主主義の宣言」では、「日米軍事同盟から離脱」を強調していますが、「自衛隊」の三文字は書かれていません。代わりに「非同盟、中立の立場を守る」（七〇頁）としていました。翌七七年の第一四回党大会では「安保条約廃棄と非同盟中立」（四四頁）と主張していたのです。ここでも「自衛隊」は登場しませんでした。一九八〇年に共産党は『日本の安全保障への道――日本共産党の独立、平和、中立・自衛の政策』を刊行し、ここには同年に不破哲三書記局長が日本記者クラブで行った講演も収録されていますが、そのタイトルは「非同盟・中立・自衛の政策について」でした。

問われたことを消すというこの小細工は、自衛隊問題が志位氏だけでなく共産党にとって弱点をなしていることを端無くも暴露することを意味していますが、本論に移りましょう。

志位氏は、先の質問に次のように答えました。

「私たちは日米安保条約を廃棄するという展望を持っていますが、そのときに自衛隊も一緒に解消する、という立場ではありません。安保条約の廃棄に賛成という方でも、自衛隊は必要だという人もいるでしょう。この二つの問題は、国民的な合意のレベルが違う問題だと考えています。私たちは、自衛隊が、憲法九条が保持を禁じた『戦力』にあたることは、明らかだと考えています。しかし、これを一気になくすことはできません」。

そして、「自衛隊解消」の「プラン」を一言のべたうえで、さらに続けました。

「私たちが政権を担ったとしても、自衛隊との共存の関係が一定期間、続くことになります。そうした過渡的な時期（傍点：村岡）に、万が一、急迫不正の主権侵害など、必要に迫られた場合には、可能なあらゆる手段を用いる、存在している自衛隊を国民の安全のために活用するということも、私たちは党大会の方針で決めております。

違憲の軍隊と共存するというのは、一つの矛盾にほかなりません。しかし、この矛盾を作り出したのは自民党政権です。私たちはその矛盾を引き受けながら、国民合意で憲法九条の全面実施に向かうという責任ある方針を示しています」。

この発言を検討しましょう。

「日米安保条約〔の〕廃棄」と「自衛隊〔の〕解消」とが「二つの問題」で「国民的な合意のレベルが違う」という点については同意できます。言葉の正確な使用という点では「解消」よりも「解体」のほうがよいです。共産党が「自衛隊の解消」と不自然に書くのは、後述の第二二回党大会で「自衛隊問題の解消」（傍点：村岡）と書いたことが尾を引いているからです。共産党も以前の綱領では「自衛隊の解散」と書いていました。不破氏も井上ひさしと対談ではそう発言していました（『新日本共産党宣言』一四六頁、一四七頁）。このほうがまだ一般的です。

問題の核心は「自衛隊活用」です。ここで問題としているのは、「活用」と言っても、自然災害の時の救援活動ではなく、軍事的レベルの話です。

まず、志位発言には重大な欠落があります。彼は「自衛隊活用」を「党大会の方針で決めております」と説明しますが、この「党大会」は第何回なのでしょうか。何時ひらかれたのでしょうか。「赤旗」では発表に際して「修正・加筆」を施したとリードで断っていますが、なぜ「第二二回」と補足しなかったのでしょうか。補足しなかったことには理由があるはずです。第二二回党大会は二〇〇〇年一一月に開催されたからです。約一五年前も前の話なのです。このことをはっきりさせたくないから、第何回か××年かは隠して単に「党大会の方針」と曖昧に話すことになったのです。この曖昧さの奥にはさらに重大な問題が潜んでいます。

第二二回党大会決議では、「民主連合政府に参加するわが党の立場」を説明した後で、改行して「そうした過渡的な時期に……自衛隊を……活用する」と限定していたのです（三一頁）。「そうした」の意味が不明確ですが、文脈からすれば、「安保条約が廃棄され」る「民主連合政府」が成立した後で「自衛隊が……存在する」期間と理解するほかありません。ところが、前述のように、志位氏は、一〇月一五日の記者との一問一答ではこの限定を外してしまったのです。

次に五年前の不破氏の言動に目を向けましょう。不破氏は二〇一〇年に「読売新聞」の「時代の証言者」というシリーズの連載に登場したことがありました。その二六回で、記者は「共産党は二〇〇〇年代に入り、党規約と綱領を改定して、天皇制や自衛隊の『当面の存続』を容認した」という問いを発しました（一二月七日）。ところが、不破氏は自衛隊については一言も話しませんでした。そのために、問いは二つあったのに、見出しは「知恵要した『天皇制容認』」となりました。さらに後日談があります。この連載は翌年、読売新聞系列の中央公論新社から『不破哲三　時代の証言』として出版されました。この著作ではこの回の見出しは「党規約・綱領の改定――レーニンの問題点と取り組む」と変更されました。それればかりではなく、元の連載では毎回冒頭に付されていた記者のリードはすべて削除されました。ということは、聞き手が問題にした「自衛隊の『当面の存続』を容認」は、著作からは完全に姿を消してしまったのです。自分が答えなかった問題、もっと言えば答えられない問題は、問われなかったことにしてしまったのです。先に志位氏には「先例」があったとしたのは、このことです。不破氏は、自衛隊問題については沈黙なのです（『日本共産党をどう理解』八三頁）。

「自衛隊活用」を新しく決定した第二二回党大会で、不破氏は議長に選出されたのですから、二〇一〇年に問われた時に、「第二二回党大会決議」に従って答えればよいと思うのですが、実はこの大会では、「中央委員会の報告」は志位氏が行い、不破氏はもっぱら「党規約改定案」の説明に終始したので、「開会あいさつ」でも「閉会あいさつ」でも自衛隊問題についてはまったく触れませんでした。つまり、不破氏は一度も「自衛隊活用」とは発言していないのです。

さらに、この一〇年の間に或る変化・変更が生じていたのです。

共産党は二〇〇四年の第二三回党大会で綱領を大改訂しましたが、綱領改定を主導した不破氏は、この大会では「自衛隊活用」を引っ込めたのです。新綱領でも大会決議でもこの五文字は使わなかったのです。それから後は、昨年一月に開いた第二六回党大会まで、「自衛隊活用」はお蔵入りしてしまったのです。そのために、二〇一一年の東日本原発震災の後、自衛隊は復旧のために大動員され、歓迎されマスコミでも大きく報道されましたが、「赤旗」は自衛隊の活動を一切報道しませんでした。本稿執筆中に起きた九月の鬼怒川氾濫での自衛隊の活動もごく小さくしか報道されません。まるで自衛隊は存在していないかのようです。こんなことで、史的唯物論（唯物史観）に立脚していると言えるのでしょうか。

不破氏は、第二三回党大会が開かれた年、二〇〇四年一二月に『新・日本共産党綱領を読む』という分厚い著作を刊行しました。そのなかの、「自衛隊解消への段階的な提案」という項目を読むと、不破氏は、「第二三党大会決議」の当該部分を再録したうえで説明を加えていますが、その説明では「自衛隊活用」にはまったく触れていません。

ところが、その翌年に不破氏の説明を逆なでする論文が、共産党中央委員会が編集・発行する『議会と自治体』四月号に発表されたのです。執筆者は松竹伸幸氏で、肩書は「党政策委員会」と論文のトップに表示してあります。松竹氏は、一九七九年に共産党系の全学連の委員長を務めたあと、二〇〇一年七月の参議院議員選挙に共産党として比例区から立候補したこともあります。論文のタイトルは「九条改憲反対を全国民的規模でたたかうために」で、この号の特集のトップ論文です。その主旨は、「自衛隊活用」を前面に打ち出し、「海外における軍事介入反対の一致点で」〔A〕広く共同行動を組織することを強調することにあります。〔A〕がこの論文の三つの節の第一の表題となっています。松竹氏は、「私たちは、自衛権や自衛隊に反対しているわけではありません。むしろ、自衛隊は活用しようというのが、私たちの現在の立場です」と主張しました。注意しなくてはいけないことは、松竹氏の「自衛隊活用」には時期的限定はなく、現在でも「活用しよう」という点に特徴があるのです。これは、今度の志位氏の発言とほとんど同一です。

一〇年前だったので、この論文は直ちに「問題」となり、松竹氏は同誌次号で「自己批判」に近い一頁の文章を掲載し、翌年には共産党中央委員会勤務員を辞めて、或る出版社の編集者になりました。現在は、「自衛隊を活かす会」を組織しています。

この一件については、二〇〇五年に道徳上の問題で参議院議員を辞職し離党した「共産党ナンバー4」の筆坂秀世氏が『日本共産党』(二〇〇六年)で「迷走する自衛隊政策」と項目を立てて明らかにしています。何故は分かりませんが、松竹氏の名前を伏せて「ある党員」としています。この著作に対しては、不破氏がすぐに「筆坂秀世氏の本を読んで」を「赤旗」に発表しました(四月一九日)。問題の部分にも触れていますが、「その年〔二〇〇〇年〕の党大会は、それまでの政策をさらに大きく発展させ、……自衛隊政策を決定した。……筆坂氏の〝内幕〟話〔後述：五五頁〕などが入り込む余地は、なんら存在しない」というまったく簡単で抽象的なものに過ぎません。挙証責任を負っているのに、証拠を挙げずに「お前は有罪だ」と言っているのと同じです。肝心の「自衛隊活用」の五文字は書かれていません。「大きく発展」の中身も書いてありません。

このように暴かれたくはない事情が潜んでいたので、「読売新聞」の記者に自衛隊問題を問われた時に、記憶力抜群の不破氏は、恐らくすぐに松竹論文問題を思い出し、自衛隊問題には触れないことにしたのでしょう。

しかし、過去のしがらみを忘れたかのように、初めに確認したように、志位氏は今年六月に限定的な「自衛隊活用」を公言し、一〇月には「民主連合政府」前の「自衛隊活用」と言い出したのです。一五年ぶりに第二二回党大会の新方針を復活させただけではなく、それからも大きく踏み出したと言えます。Ｑ４で、「原発ゼロ」が不破氏の枠を超えたものだと明らかにしますが、それに続く「不破離れ」かもしれません。実は、志位氏は、三年前にもラジオＪＦＮ番組で、ほとんど同じことを話していました（「赤旗」二〇一二年九月四日）。この時には「大規模災害」をあげて、「自衛隊と共産党のボランティアが一緒になってやっていますから」とまで話し、「『ご苦労さまです』というと、向こうも敬礼して（一同〔司会の四人〕笑い）、そういうふうになります」と笑いを誘っていました。

ところが、今年八月に「ビデオニュース・ドットコム」のインタビュー番組では、志位氏は、自衛隊についても答えましたが、「自衛隊活用」には触れませんでした（「赤旗」八月四日）。なにかの事情が作用しているのかもしれません。

ところで、自衛隊の活用を容認するためには、自衛隊が合法的存在であることが前提となるはずです。非合法の何かを政権が活用することはできません。それでは法律を守ること、法律に依拠して行動すること〈法拠統治〉が否定されるからです。ここまではっきりさせると、次にそれなら自衛隊は「憲法違反」ではなく「合憲」なのだという意見が正しいのか、という疑問が起きるでしょう。そうではありません。憲法に違反していることは初めに確認したように明確なのです。自衛隊は「違憲」ではあるが「合法」であるという矛盾した例外的な存在なのです。実はこの「自衛隊＝違憲合法」論を、憲法学者の小林直樹氏は、『憲法第九条』（岩波新書、一九八二年）で明らかにしていました。おかしな話ですが、共産党はこの「自衛隊＝違憲合法」論に触れません。前述の志位発言では、「自衛隊法にもとづいて自衛隊を活用」と説明したのですから、「自衛隊＝違憲合法」論を認めたことを意味します。

確かに、違憲の自衛隊を「活用」するのは「矛盾」です。この矛盾については、初めに引用したように、志位氏も説明しています。この説明は、一五年前の第二二回党大会での説明の繰り返しです。ただ、この説明と、前記のように「自衛隊活用」を「私たちが政権を担った……過渡的な時期」に限定することとが整合的ではありません。「民主連合政権」や共産党が政権入りした時期には「活用」してもよいが、それ以前＝現在はダメだというのは何故でしょうか。政権担当者の違いによって「活用」の可否が左右されるのは合理的ではありません。問題は、時期にではなく、「活用」の中身にあるはずです。

技術的可能性から見れば、自衛隊は世界有数の装備を有する「軍隊」ですから、他国との戦闘（自国防衛であれ他国侵略であれ）から国内の災害での救助活動まで何でも出来ます。それらの全てを容認することは出来ません。容認できる範囲は、国内外の災害での救助活動と不発弾の処理など軍事行動に及ばない活動に限定しなければなりません。この限定に、「違憲の存在」が意味を発揮するのです。自公政権であろうが、「民主連合政権」であろうが、「自衛隊活用」はできるが、その中身に決定的な限界がある、というほうがはるかに合理的です。憲法第九条には「国権の発動たる戦争と、武力による威嚇又は武力の行使は、国際紛争を解決する手段としては、永久にこれを放棄する」と明記しているのですから、「武力行使」は出来ないのです。

共産党が「自衛隊活用」を主張した際に関連させて説明することが「赤旗」などではまったくないので、論及するのが後回しになったのですが、この、不破氏によれば、「それまでの政策をさらに大きく発展させ」（前出）た新しい「自衛隊政策」には或るきっかけがあったのです。

先に筆坂氏の「迷走する自衛隊政策」を引用しましたが、そこには次のような説明が書いてありました。

筆坂氏は、一九八五年版の「日本共産党の政策」に、「将来の独立・民主の日本において……徴兵制は取らず志願制とし、海外派兵は許さない」（傍点：村岡）と記述されていることを引いて、将来は「自衛軍を持つ」と主張していたに等しいと説明します。だが、「一九九四年七月の第二〇回党大会で」「この立場の事実上の転換がおこなわれた」。大会決議で「『将来にわたって憲法九条を守る』ことを確認した」のです。「ところがその六年後、二〇〇〇年一一月の第二二回党大会で、またまた事実上の転換があった」。その転換を促したきっかけが、同年八月末に行われたテレビ朝日の番組だったと、筆坂氏は明らかにします。田原総一朗氏が司会した、「自由党の小沢一郎党首と不破議長との討論」で自衛隊問題が論点となり、この「番組が終わった直後に、不破氏から、『自衛隊問題をもう少し深める必要があるね』という電話が、私にあった。翌日の常任幹部会でも同様の提起が不破氏からあり、……第二二回党大会での自衛隊活用論へとつながっていく」という経過を暴露しました。筆坂氏の説明によれば、不破氏がきっかけを作ったことになります（一七一～一七七頁）。

筆坂氏は、この説明の前に、「共産党の自衛隊・安全保障政策は、長らく『中立・自衛』政策が基本であった。……将来的には、国民の合意があれば、憲法を改正して最小限の自衛措置をとる。すなわち軍隊を持つという考えだ」（一七一頁）と書いています。筆坂氏は引用していませんが、一九七三年の第一二回党大会での「『民主連合政府綱領についての日本共産党の提案』について」では、「平和・中立」が強調され、「中立法」の「制定」まで提案し（一七七頁）、「……わが党は、将来は、独立・中立の日本をまもるための最小限の自衛措置をとるべきことをあきらかにしています」（一七八頁）としていました。その根拠として、「自衛権が憲法第九条によっても否定されていないことは、すべての憲法学者や国際法学者もみとめているところです」（一七九頁）とまで書いていました。この方針が、前記の一九八五年版の「日本共産党の政策」では「志願制」と表現されたのです。その中間の時期には、志位氏の問答のところで触れたように、「非同盟中立」を主張していたのです。つまり、自衛隊に対する方針は大きくふらついているのです。

もう一つの党内体験がありました。一九九五年一月一七日に起きた阪神淡路大震災での復興活動です。死者約六五〇〇人に及ぶそれまでの日本史上最大の規模の震災に際して、自衛隊は大きな役割を果たしました。共産党員も沢山ボランティアとして活動しました。志位氏が三年前のラジオＪＦＮ番組で、「大規模災害」での自衛隊員と党員ボランティアとの会話を紹介したのはこの時のことでしょう（あるいは二〇一一年の東日本原発震災かもしれません）。

この災害救援活動をする自衛隊に対して、「憲法違反の自衛隊は来るな！」と主張することは、仮に或る種の「理」に適っているにしても、情に適っていないことは余りにも明白です。家屋が倒壊し、下敷きの被災者がうめき声を発している時に、駆けつけた自衛隊員を拒否する人はいません。まさに「自衛隊を活用」するほかないのです。教条的に「違憲の自衛隊」を強調する活動家のなかには「自衛隊帰れ！」と叫ぶ例もありました。そのために、当時の首相は、「自衛隊合憲」と態度を変えた、社会党の村山富市氏でしたが、阪神地方は社会党支持者が多いこともあり、自衛隊の出動を遅らせたのでは、などという政権への批判が起きたほどです。

自衛隊員と共産党員ボランティアの接点・交流の広がりが、党内の「自衛隊アレルギー」を薄める役割を果たしたのです。つまり、綱領などの理論よりも下部党員の現実の活動がその理論を修正するきっかけや推進力となる場合があるのです。前記の田原氏の番組もその一つと言えます。

もう一つの事例があります。大災害ほどに世間の耳目を集めることはありませんが、戦争中の米軍などの爆撃による爆弾が発見されることが時どきあります。この不発弾は誰が処理するのでしょうか。警察や消防団では出来ませんから、自衛隊に出動してもらうほかありません。共産党員の首長はごく限られていますが、存在しないわけではありません。「自衛隊は違憲だから、出動してはいけない」という態度では行政の長は務まりません。ここでも「自衛隊活用」以外に選択肢はありません。

あるいは、第二二回党大会では、京都の代議員・井上哲史氏（二〇〇一年から参議院議員）が、「かつて〔一九九〇年の〕湾岸戦争の際に舞鶴〔で〕……海外派兵反対を呼びかけるわが党の宣伝カーにたいして、自衛隊の官舎からも公然と手を振って声援する姿があり、たいへん感動をおぼえました」という発言がありました（一八四頁）。単純な「自衛隊違憲」論では、「感動」することは出来ません。この井上発言は、前記の松竹論文とほとんど同じ趣旨です。ついでながら、この大会では東京の弁護士の代議員・渡部照子さんが「自衛隊活用問題について継続討議を求める」と発言していました（二〇一頁）。共産党の大会で、提出された議案に反対の声を上げることは極めて異例のことです。

このような現実の問題が、共産党の「自衛隊活用」論の背景に存在していたことを知っておくことが重要です。

本稿執筆中の九月一八日に「赤旗」に広島県の呉市で食堂を開いている女性が店の前に「自衛隊員の命を守るために全力を尽くします」と大書した立て看板を設置しているという大きな写真入りの記事が掲載されました。その人は、「日本共産党業者後援会にも加入しています」と書いてあります。写真には左端に「日本共産党呉」まで写っていますが、下端が「呉」で切れています。呉市は周知のように、海上自衛隊の基地があるところで、戦前には反戦兵士が「聳《そび》ゆるマスト」という機関紙を発行したことで有名です。昨年秋から設置したということです。その食堂には、自衛隊員もよく来店して会話が弾むそうです。ネットで探したら電話が分かり、「呉中央支部」と書いてあると分かりました。

実は、まったく同じ例が、昨年一一月に京都府舞鶴市の市議選挙でも起きていました。ここも海上自衛隊の基地があります。共産党は四人全員が当選し、一議席増えました。その選挙を前に共産党舞鶴地区委員会が「自衛隊員の生命を全力で守ります」と大書した看板を掲示したのです。「赤旗」では写真入りで大きな記事が掲載されています（一一月二六日）。見出しは縦に「〝自衛隊員の生命を守る〟」、横に「基地のまち1畳分の党看板が評判に」と立てられています。

また、昨年一二月には、総選挙に茨城六区（つくば市や土浦市）から立候補した井上圭一氏の記事が掲載されていましたが、この人は、元自衛官で、「日本の平和を守るための専守防衛、時には東日本大震災のような未曾有の災害に身をていしての救援活動――。どれも国民のための重要な任務であり、誇りでした」と述べています（「赤旗」一二月九日）。惜しくも落選しましたが、今年四月に土浦市の市議会議員に当選しました。そして、直ちに『自衛官が共産党市議になった――憲法9条が結んだ縁』（かもがわ出版）を刊行しました。この本には自衛隊の生活がリアルに報告されています。

このように、共産党の現場の党員は、中央の方針とはズレて、自衛隊と向き合っているのです。

さらに、志位氏はなお触れていませんが、実は第二二回党大会において自衛隊問題で主導的役割を果たしたと思われる上田耕一郎は、大会でも代議員として「自衛隊解消と常備軍をもたない国家の創出へ」と発言し（二一五頁）、大会直後に著した『戦争・憲法と常備軍』では「カント以来の常備軍廃止の人類的理想」とまで強調し、「初めて常備軍をもたない近代民主国家を誕生させる」とアピールしました。上田は、この著作の「序文」で、「執筆の契機は、日本共産党の第二二回党大会の決議案をめぐる内外のさかんな論議だった。とくに『自衛隊活用』論については党の内外から多くの意見が集中し、そのほとんどが憲法違反ではないかという批判だった。……資本主義大国として初めての常備軍の段階的廃止という具体的展望の歴史的意義にはあまりふれられていないことに問題点を感じた」(三頁)と書いています。

共産党の自衛隊政策の重点が上田の提起の方向に向かうことを希望したいと思います。

私は、一九九〇年に「自衛隊を解体し国連指揮下の日本平和隊の創設を」を提起し、二〇一一年に「自衛隊の改組にむけた提案」を発表しました(『プランB』第三五号。『親鸞・ウェーバー・社会主義』に収録)。

〈付〉〝撤回〟された「安保条約凍結」論

共産党の大会の記録を読んでいるだけでは知ることが出来ないのですが、「自衛隊活用」をめぐっては、それと深く関連するもう一つの大きな問題がありました。「日米安保条約を凍結する」という重大な提案とその〝撤回〟という一幕があったのです。

一九九八年九月に、共産党は中央委員会総会で、「安保条約にかかわる問題は『凍結』する」という重大な提案を決定しました。この年七月の参議院選挙で、共産党は改選六議席でしたが一五議席を獲得する大躍進を実現していました。その前年九月に開いた第二一回党大会で宮本顕治議長が引退し、委員長の不破哲三氏が名実ともにトップになっていました。この中央委員会総会の一カ月前に不破氏が緊急記者会見で「安保条約凍結」というまったく新しい提案を発表し、それを党の決定として確定したのです。これほど重大な方針の変更を、まず不破氏が記者会見で明らかにして、その後で中央委員会総会で追認的に決定するという手続きは、大いに問題があると考えますが、その点は省きます。

参議院選挙の結果、参議院では民主党の菅直人代表が共産党の投票も得て首班指名され、結局は衆議院の議決どおりに自民党の小渕恵三が首相になったのですが、野党が政権に手が届くようになった政治情勢の変化のなかで、不破氏がその野党による新政権に共産党が参加する条件として発案・提起したのです。共産党はこれまで一貫して「安保条約の廃棄」を最重要課題として主張してきましたから、大きな話題となりました。

この時、私は直ちに、「日本共産党の『安保凍結』論への疑問」を書き、『週刊金曜日』に投稿し掲載されました(一〇月三〇日)。主要な論点は、共産党が議会でキャスティングボートを握るようになった時に、自民党に代わる新政権の誕生のために首班指名で自民党の候補ではない候補に投票することと、その内閣への入閣は別次元であるという点にあります。安保条約反対を貫きながら、自民党に代わる新政権の誕生に協力することは可能なのです。

不破氏の八月の緊急記者会見を読み返すと、「安保廃棄の立場に立つ政党が、政党として安保条約の廃棄をめざす主張や運動をやる……しかし、政権そのものは安保賛成の党派と安保廃棄の党派の連合政権ですから、政権としては『凍結』した対応をする、という意味です」(八月二五日)と書いてあります。共産党は「安保廃棄」の活動をやるが、新しい内閣は「安保凍結」する、別言すれば、共産党の活動と内閣内の共産党の大臣とを分離する[注]という複雑な内容です。「凍結」の中身も不明確です。言葉の問題としても、「安保凍結」ではなく、「安保廃棄凍結」＝「安保容認」とすべきです。そういう複雑で分かりにくいやり方よりも、閣外協力のほうが分かりやすいと思います。

　しかし、この「安保条約凍結」論は、何故かは不明ですが、いつの間にか消えてしまいました。その後の経過は後で明らかにしますが、不破氏が宮本を完全に退けた後に、現実の政治と対決するために打ち出した重大な提案は貫くことが出来ず失敗したのです。この失敗が、恐らく不破氏に大きな打撃を与えたのだと思います。この後、不破氏は現実の政治に肉薄して対決することを避け、綱領の改訂や古典研究に全力を傾注することになります。

　この「安保条約凍結」論提案の一年四カ月後、二〇〇〇年一月に第二二回党大会が開かれました。そこでは、「安保条約凍

〈注〉　この大臣（ということは政府）と党（員）との区別という同じ考え方を、対外国政府への対応について、私は 1989 年にモスクワで発言していました。私はこの年８月中旬に社会主義協会系の「第六回訪ソ学習交流団」に参加していて、モスクワのマルクス・レーニン主義研究所付属中央党文書庫でソ連邦外務省の次局長Ｖ・Ｐ・ルーキンの講義のあとの質問で、その直前の６月に起きていた中国の天安門事件に関連して、「党と国家との分離がさらに進行すれば、政府は批判しないけれど、党は批判するというようなことはありえないでしょうか」と質問したのです。ルーキンは「原則論としては私も同感です」と答えました（『実践されるペレストロイカ』1989 年、83 頁）。確か階段教室だったと記憶しています。

結」論は一言も触れられませんでした。そんなことはなかったかのようです。この大会では、前記のように上田が主導したと思われる「自衛隊活用」論がもっとも大きな話題となりました。安保条約と自衛隊は一体不離であるはずなのにまったくおかしなことです。同時に不破氏に主導されて規約の改訂が行われました。

二〇〇三年一月に党史『日本共産党の八十年』が刊行されました。そこでは、九八年の「歴史的な躍進」を確認した後で、「政権問題」にも触れ、先の中央委員会総会についても四行だけ書いています（三〇〇頁）が、肝心の「安保条約凍結」はまったく無視されています。中央委員会総会は大会から大会までの期間に数回開催されますから、党史では取り上げられないことのほうが多いのですが、この中央委員会総会での「政権問題」は、中身は抜きにして重要だったのかもしれません。

〇四年の第二三回党大会では綱領の大改訂が行われ、今度は前の大会で決定した「自衛隊活用」論は消滅しました。同時に、天皇については、Ｑ３で明らかにしますが、結論を先送りしました。不破氏は、日本政治の現実に肉薄する対決を避けて、より抽象的な理論の探究に重点を移したようです。

〈付〉　或る仮説

以上の論述は、第二二回党大会での「自衛隊活用」論は、上田耕一郎によって主導されたという推測によるものです。共産党の公式文書に拠る限りそのように推察できるからです。ただし、前記の筆坂氏の説明に頼ると別の推測も可能です。「自衛隊活用」論を発案したのは不破氏だったという推測です。その推測の難点は、ではどうして不破氏は大会で一言も「自衛隊活用」に触れなかったのかという疑問が生じることです。

私は最初の推測に従って、不破氏は一九九八年の「安保凍結」論が貫けなかったので、以後、現実への肉薄を避けるようになったと結論したのですが、もし、第二の推測が事実だとしたら、この二つの出来事によってと修正しなければなりません。わずか二年後のことなので、いずれにしても大筋では論旨を変更する必要はありません。ただ、第二の推測が事実だとすると、自分が発案者なのに、そのことを隠して、提案を志位氏に押し付け、実兄の上田に補強説明させるとは、実に用意周到なことです。新提案が貫けなかった場合の保険を掛けていたことになり、用心深かったとも言えそうです。

Q2　憲法をどのように捉えていますか?

一九四五年九月二日の降伏文書調印によって、アジア太平洋戦争での敗戦を確認した日本は、その一年八カ月後、四七年五月三日に新憲法を施行しました。この憲法第九八条に「この憲法は、国の最高法規であつて」と明示されているように、日本国家と政治にとってきわめて重要で根本的な規範だと考えますが、共産党と不破氏はこの憲法をどのように捉えているのでしょうか?

共産党も不破氏も、憲法については正面から論じることは長いあいだありませんでした。共産党は、「綱領」という文書を党の存在にとってもっとも重要なものだと強調しています。何でも横文字が流行る最近では「マニフェスト」のほうがよく登場しますが、自民党など他の政党も共産党の真似をして「綱領」を発表するようになりました。敗戦直後に合法的な活動を認められるようになって再建された共産党は、五〇年代には分裂し、その分裂を克服して、一九六一年七月に第八回党大会で綱領を決定しました。二〇〇四年に大きく改訂されるまで、この六一年綱領が共産党の基本的な指針でした。

その六一年綱領における憲法の扱いはどうなっていたでしょうか。この時期には不破氏は鉄鋼労連という労働組合の書記として働いていたので、この大会には出席すらしていませんが、同年末に「非常勤でいいから」と党中央の「政治研究室」に勤めるようになったのですから、当然にもこの綱領を支持する党員でした。

綱領には次のように書かれています。

「現行憲法は、このような状況のもとでつくられたものであり、一面では平和的民主的諸条項をもっているが、他面では天皇の地位についての条項などわが党が民主主義的変革を徹底する立場から提起した『人民共和国憲法草案』の方向に反する反動的なものをのこしている」。

「このような状況」というのは、その直前に書いてある「アメリカ帝国主義者は……民主主義革命を流産させようとした」という認識を意味します。

綱領のなかで「憲法」が出てくるのはこの一二三文字の一文だけです。何時制定されたのかも書いてないし、憲法を守るとも反対するとも一言も触れていません。どうしてこれほど軽い扱いになっているのかについては後で説明しますが、その後、一九九四年の第二〇回党大会での綱領の部分的改訂の際に憲法についての記述に形容句の形で「主権在民の立場にたった」と加えたり、「憲法改悪に反対し、憲法の平和的民主的条項の完全実施を要求してたたかう」と追加しました。

そして、二〇〇四年の綱領の大改訂では、憲法についての記述が増えて次のように書きました。この大改訂を主導したのが不破氏です。

「第二次世界大戦後の日本では、いくつかの大きな変化が起こった」として、その「第二は、日本の政治制度における、天皇絶対の専制政治から、主権在民を原則とする民主政治への変化である。この変化を代表したのは、一九四七年に施行された日本国憲法である。この憲法は、主権在民、戦争の放棄、国民の基本的人権、国権の最高機関としての国会の地位、地方自治など、民主政治の柱となる一連の民主的平和的な条項を定めた。……」（傍点：村岡）※

さらに、今後の展望に関して、「1　現行憲法の前文をふくむ全条項をまもり、とくに平和的民主的条項の完全実施をめざす」。「3　……憲法の主権在民と平和の精神にたって、改革を進める」と明らかにしました。「天皇条項」についても書き加えましたが、その問題はQ3で取り上げます。

この大改訂によって、憲法が「一九四七年に施行された」ことは明らかにされましたが、月日については書いてありません。誰でもパートナーや自分の子どもの誕生日は記憶し、記録します。大切だからです。この綱領でも共産党が誕生したのは「一九二二年七月一五日」と冒頭に明記されています。

共産党（の誕生）のほうが、憲法よりも大切にされていることが分かります。それに、引用に際して私が傍点を付けた「代表した」も変な形容句です。普通なら、「体現した」とか「象徴する」とかと表現するはずです。小さなことに拘るようですが、こういうところに、いわば本質が垣間見えることは稀ではありません。憲法認識の不慣れが顔を表したと言えます。

共産党が憲法をいかに軽視していたかについては、長く副委員長を務めた、不破氏の実兄上田耕一郎が問わず語りで明らかにしています。上田は二〇〇〇年五月（第二二回党大会の半年前）に執筆した論文「憲法九条の意義と対決の発展」を自著『憲法・戦争と常備軍』に収めた際に、正直にそれを「私の初めてのやや体系的な憲法論である」と説明しました。共産党のなかでもっとも高い理論水準を保持する、トップ幹部の上田が、一九四七年に施行された憲法について半世紀以上も「体系的な憲法論」を執筆したことがなかったのです。しかもこの論文は、没五年後の二〇一三年に刊行された『上田耕一郎著作集』第五巻「日米安保と日本国憲法」から外されています。『憲法・戦争と常備軍』でこの論文の前に配置されている論文だけが第五巻に収録されました。「常備軍」別言すれば自衛隊についての上田の見解については、Q１で触れました。

ここで、最初の一九六一年綱領に戻ります。この綱領では「平和的民主的諸条項をもっているが、……反動的なものをのこしている」という実に簡単な記述だけだったのですが、この時期には不破氏は「国家」について、どのように考えていたのでしょうか。不破氏は、一九六三年に上田との共著『マルクス主義と現代イデオロギー』を刊行しましたが、そこには次のように書かれていました。

「国家を暴力機関を中心に組織された階級的機関とみなすマルクス＝レーニン主義の見地に一貫してたつものこそが、現代の資本主義国家をもっとも正確に、もっとも深刻に把握しうるのである」（下、一九五頁）。

「『国家は階級支配の機関である』というマルクスやレーニンの国家の本質的規定」（下、一九六頁）。

「国家の階級的性格は、国家の本質であり」（傍点：原文。下、二〇一頁）。

「ブルジョア民主主義は、ブルジョア独裁の一つの統治形態であり、ブルジョア独裁は、ブルジョア民主主義国家の階級的本質である」（傍点：原文。下、二〇四頁）。

これらの記述は、一九一七年のロシア革命の勝利いらい世界各国でそこにある「マルクス＝レーニン主義」の、犯してはならない通説として、永く左翼の活動家に教え込まれていたものです。この教条からは、憲法を真っ当に認識することはできません。マルクスは『共産党宣言』で、「法律はブルジョアジーの偏見だ」と切り捨てていたからです。偏見に過ぎないものをまともに評価するのは誤りとされていたのです。

ところが、共産党は、一九七六年の第一三回臨時党大会で「民主連合政府」を展望した「自由と民主主義の宣言」を打ち出しました。そこで、自民党が「憲法五原則（①国民主権と国家主権、②恒久平和、③基本的人権、④議会制民主主義、⑤地方自治）を否定し」（五四頁）という文脈で「憲法五原則」と書きました。その二年前に、宮本顕治は記者会見で「憲法五原則」と語ったことがあります。七七年の憲法記念日にも宮本は「憲法に五つの基本的柱があります」と話しました。前者では、「自由と民主主義の宣言」と同じ五つが上げられ、後者では、著書に収録した際の（注）に、「憲法五原則＝①②……」として同じ五つが「平和的民主的原則」として付け加えられています。この二つの宮本発言は、一九七九年に刊行された『科学的社会主義と自由・民主主義』増補版に収録されています（一七七頁～、三八二頁。三八二頁は奥付の前の頁なので、すぐに目に入ります）。

なお、第一三回臨時党大会では、「マルクス・レーニン主義」という用語を「科学的社会主義」に、変更の理由も説明して変更しました。

不破氏は九九年に、作家の井上ひさしとの対談『新日本共産党宣言』のなかで、井上が「日本国憲法の基本的な原理」を一般的な理解に従って「国民主権、人権の尊重、永久平和」と「三つ」上げた（九九頁）のに対して、次のように語りました（なお、この対談では、不破氏は第二五条の「生存権」を取り出してその重要性に言及しました。一七〇頁）。

「わたしなりの表現ですが、一、国民主権と国家主権、二、恒久平和、三、基本的人権、四、議会制民主主義、五地方自治、という『憲法五原則』を将来ともに守り、充実・発展させる、とうたっています」（一一八頁、傍点：村岡）。

歌唱指導がテーマではないので、「うたっています」という結びがしっくりしないのですが、その前の頁に『自由と民主主義の宣言』が出てくるので、『自由と民主主義の宣言』で「うたっています」ということなのでしょう。でも、どうしてそれが「わたしなりの表現ですが」なのでしょうか。『自由と民主主義の宣言』は党の決定文書であり、不破氏の著作ではありません。

この疑問は脇に外して、この井上との対談の一年後二〇〇〇年の第二二回の「決議」では「憲法の五つの進歩的原則」として、前記とほぼ同じ五つをあげ、「その全面実施をもとめていく」（二九頁）と確認しました（「恒久平和」にだけ「主義」を加えました）。

「わたしなりの表現ですが」に戻りますが、不破氏は、先の二つの宮本発言には言及しないで、「わたしなりの表現ですが」となぜ話したのでしょうか。しかも中身はまったく同じなのです。記憶力抜群であるだけに、誠に不思議議です。宮本との縁を切りたいという心理が働いているのかもしれません。二〇〇四年に大改訂された綱領では、宮本の「憲法五原則」という言葉は使われず、その中身も前記の※（本書、六六頁）のように修正されています。

さらに不破氏は、この大改訂の後に刊行した『党綱領の理論上の突破点について』で、「改訂綱領が『憲法の全条項をまもる』立場をすっきりした形で打ち出した背景には、天皇条項の問題での認識と対応の前進がありました」（三二頁）と説明するようになりました（後述）。

憲法の重要性を認識するように変化したのですから、それ自体は歓迎・賛成することができるし、しなくてはなりませんが、そうなると忘れてしまうわけにはいかない問題が生じます。前に触れたように、「マルクス・レーニン主義」を「科学的社会主義」に用語を変更することは説明付きで明らかにされたのですが、前記で引用した、一九六三年の『マルクス主義と現代イデオロギー』で主張していた「国家は階級支配の機関である」とか「ブルジョア独裁は、ブルジョア民主主義国家の階級的本質である」などのマルクス主義の通説はどうなるのでしょうか。不破氏は、その点については一貫して黙して語りません。ただ、そう言わなくなったというだけです。この態度は、真面目な理論的姿勢とは到底いえません。「マルクス・レーニン主義」用語を捨てるだけではなく、このマルクスとレーニンの「階級国家」論をきっぱりと誤りだったと反省しなければならないはずです。

最後に明らかにしなければならないことがあります。大改訂された綱領では憲法についての記述が増えたのですが、「護憲」とはどこにも書かれていません（「赤旗」では「護憲」が見出しになることもあります）。「護憲」は長く社会党（一九九六年に社会民主党に改名）の看板でしたから、その使用を避けたのでしょう。それなら〈活憲〉と言えばよいと思いますが、これも使いません。不破氏は、二〇一一年に刊行した『不破哲三　時代の証言』で、鉄鋼労連の書記だったころの話として、「社会党左派の理論家」清水慎三が、「共産党と同じ言葉は使いたくないということだったらしく、私に（共産党ではどういう言葉で表現しているのかね、と）聞いて確かめた上で、同じ方向の議論でも少し違う言葉で表現する工夫をしていたようです」と暴いています（四三頁）が、同様の手法を不破氏も見習っているようです。

同じように、憲法第二五条の「生存権」についても綱領には登場しません（綱領に出てくるのは第九条だけです）。改訂前には「生存の自由」という実に不自由なほとんど誰も使わない言葉を「自由と民主主義の宣言」で強調していました。この言葉をお蔵入りさせたのは良いのですが、「生存権」と書くことはしませんでした。不破氏は前記のように一九九九年に「生存権」の重要性に言及していたのに、忘失したのでしょうか。なお、私が森戸辰男が一九二四年に訳した、アントン・メンガーの『全労働収益権史論』に学んで、「生存権」の核心的重要性を明らかにしたのは、一九九八年でした。

Q3　天皇をどのように捉えていますか？

新憲法の第一章は「天皇」とされ、「第一条　天皇は、日本国の象徴であり日本国民統合の象徴であつて、この地位は、主権の存する日本国民の総意に基く」と簡潔に明記されています。ですから、一般には「象徴天皇制」と言われています。一八六八年の明治維新の二一年後に制定された大日本帝国憲法では、「第一章　天皇」の第一条は「大日本帝国ハ万世一系ノ天皇之ヲ統治ス」、第三条は「天皇ハ神聖ニシテ侵スヘカラス」、第一一条は「天皇ハ陸海軍ヲ統帥ス」とされていました。敗戦までのこの時期は、政治制度としては「天皇制」と言われていますが、実はこの用語は、共産党が一九三一年に使い出したのです。敗戦によって、この（戦前の）天皇制は廃絶され、象徴天皇制が成立したのですが、共産党は天皇をどのように捉えていますか？

ここでも戦前からの歴史を振り返る前に、最近の事例から見ていくことにしたいと思います。今年四月八日に天皇と皇后は、八一歳と八〇歳の高齢なのにパラオ共和国ペリリュー島を慰霊のために訪問し、マスコミは大きな写真入りで連日報道しました。慰霊訪問の狙いが何かとか、訪問に当たって宮内庁と安倍晋三首相の官邸とが対立したとかが週刊誌でも話題となりました（『週刊ポスト』

四月一〇日）が、それらに深入りしなくても、あるいは慰霊訪問の是非についての判断は別にしても大きな注目すべき出来事であることは確かだと思います。

ところがこの天皇と皇后の慰霊訪問について、「赤旗」は何とわずか一三行のベタ記事扱いでした。もちろん、写真は付いていません。翌日には二段見出しの記事にしましたが、本文は三一行でした。なぜ、これほどまでに報道を「自粛」？しなくてはならないのでしょうか？

もう一つの例を上げましょう。二〇一三年一〇月二〇日の美智子皇后の発言です。彼女は七九歳の誕生日に当たり、宮内庁記者会見への回答メッセージで「五日市憲法草案」に触れました。美智子皇后は、「明治憲法の公布（明治二二年（一八八九年））に先立ち、地域の小学校の教員、地主や農民が、寄り合い、討議を重ねて書き上げた民間の憲法草案で、基本的人権の尊重や教育の自由の保障及び教育を受ける義務、法の下の平等、更に言論の自由、信教の自由など、二〇四条が書かれており、……近代日本の黎明期に生きた人々の、政治参加への強い意欲や、自国の未来にかけた熱い願いに触れ、深い感銘を覚えたことでした」と語ったのです（宮内庁のホームページ）。マスコミは大きく取り上げましたが、共産党は何も報道しませんでした。

今年八月に、志位和夫委員長は、「ビデオニュース・ドットコム」のインタビュー番組に出席し、「赤旗」一面を使って報道されました（八月四日）。志位氏は「日米安保、自衛隊、天皇制どう考える？・」と質問され、「天皇問題」について、「『憲法の制限条項を厳格に守る限り、天皇の制度は社会進歩の障害にはならない』と強調しました」。これはかなり踏み込んだ発言です。「社会進歩の障害にはならない」というのですから、問題にすることはないことになります。また、「天皇問題」とか「天皇の制度」と言って、「象徴天皇制」とは絶対に言わないことにも注意する必要があります。

これが、共産党が九〇年余の歴史を積み重ねてきた一つの帰結なのです。いったい天皇をめぐってどういう認識の経過があったのでしょうか。

戦前から見なくてはなりません。一九二二年に非合法下で誕生した共産党は、直ちに二五年に普通選挙法（男子のみ）と合わせて制定された治安維持法によって弾圧されました。一九九〇年の第一九回党大会で、「記録されているだけでも死者一六八二人、逮捕・送検者七万五六八一人、未送検の逮捕者は数十万にのぼった」（一三一頁）と報告されています。『蟹工船』で有名な党員作家の小林多喜二は一九三三年に拷問によって命を絶たれました。『日本共産党の八十年』では、この数字に加えて「予防拘禁や警察への拘留は、数百万人におよびました」（六六頁）としています。この冬の時代に、共産党は屈することなく自分たちを弾圧する天皇制国家権力と対決し、その打倒を主張したのです。日本共産党もその支部として位置づくコミンテルン（第三インターナショナル）の指導によって、共産党は「天皇制」という言葉を、一九三一年のいわゆる「三一テーゼ」で、否定・打倒する敵を指す用語として「君主制」に代えて使いました。その後、この用語は、肯定・賛美する立場の人たちによっても使われるようになり、一般に定着しました。「三二テーゼ」には「天皇制の転覆」と書き込みました。

四五年の敗戦直後一〇月に、獄中にあった徳田球一、志賀義雄、宮本顕治などが釈放され、共産党と天皇制と共産党とは互いに不倶戴天の仇でした。

は合法的活動を開始しました。一〇月二〇日に再刊された「赤旗」第一号冒頭の「人民に訴う」の声明で「天皇制打倒」を主張しました。四五年一一月一一日の「新憲法骨子」や翌年六月二九日の「人民共和国憲法草案」でも天皇制を否定していました。

例外的な動向もありました。結党時からの幹部であった野坂参三は当時、中国で捕虜となった日本兵を組織するなどの活動をしていましたが、四五年五月に延安で開かれた中国共産党の第七回全国大会で岡野進の名で報告し、彼が先頭で組織した日本人民解放連盟「の綱領中には、天皇打倒の綱領をかかげていない」と表明しました（武田清子『天皇制の相剋』一八八頁）。天皇を崇拝する兵士たちを平和追求の一点で組織するための配慮でした。

一九五〇年に勃発した朝鮮戦争と並行して、共産党はいわゆる「五〇年分裂」に落ち込み、一九六一年の第八回党大会で共産党は分裂を修復して再スタートします。この時に決定した「綱領」で、「アメリカ帝国主義は、日本の支配体制を再編するなかで、天皇の地位を法制的にはブルジョア君主制の一種とした。天皇は、アメリカ帝国主義と日本独占資本の政治的思想的支配と軍国主義復活の道具となっている」と認識し、「君主制を廃止し……人民共和国をつくり」と、目標を定めました。

その前の五八年の第七回党大会での宮本顕治の報告のなかでは、「今日の『象徴天皇制』は、もはや戦前のような絶対主義天皇制ではない」（九五頁）という説明もありましたが、決定した「綱領」にはなぜか「象徴天皇制」とは書かれませんでした。

この綱領で確定した「ブルジョア君主制の一種」という認識がその後四三年間も固守し続けられた

のです。

共産党は、二〇〇四年の第二三回党大会での綱領大改訂で初めてその〝誤り〟を曖昧ながら認めて捨てました。Ｑ２で前記のように、この大会で初めて「日本の政治制度における、天皇絶対の専制政治から、主権在民を原則とする民主政治への変化である」と認識を一変させたのです。

この歴然たる遅れと誤りの根源には、レーニンが強調した、マルクス主義の「階級国家」論が据えられていたのです。この異常な遅れを、共産党にシンパシーを抱く人はけっして軽視してはなりません。

この綱領改訂を主導した不破氏は、この改訂について二〇〇五年に『党綱領の理論的突破点について』で次のように説明しました。

不破氏は「一、日本の現状分析と当面する革命」の「⑵民主主義革命のプログラム」に「天皇制の問題と民主主義革命」と項目を立てて、まず「特別の位置を占めた問題に、天皇制の問題がありました」（二三頁）と確認します。戦前の共産党の闘いを「歴史に輝く日本共産党の存在意義があったのです」と明らかにしたうえで、「戦後は、国の政治体制の原則が天皇主権から国民主権へ大きく転換したのです」と説明します。つづけて、「憲法上の天皇の政治的地位の問題に関連して」、第二三回党大会直前の〇三年六月の第七回中央委員会総会での自分が行った説明を繰り返して、戦後の日本は「君主制の国には属しません」として、憲法第四条を引用します。そして、六一年綱領の「ブルジョア君主制の一種」という規定について「つめた分析とはなっていませんでした」と処理しました。さらに『君主制』という規定の誤りを明らかにすると同時に……それを解決する合理的な道筋を新しい立場から打ち出しました」と進めます。

そして最後に、「改訂綱領では、この問題の解決を、社会変革の特定の段階や時期と結びつけることをやめ、『将来、情勢が熟したときに、国民の総意によって解決』する、という規定づけにとどめたのです」と、この項目を結びました。さらに、「天皇問題と憲法改悪反対の闘争」と項目を立て、「憲法の全条項をまもる」と書き込んだことに特別の注意を促しています。

第二三回党大会の新綱領では、「四、民主主義革命と民主連合政府」で次のように確定しました。「党は、一人の個人が世襲で『国民統合』の象徴となるという現制度は、民主主義および人間の平等の原則と両立するものではなく、国民主権の原則の首尾一貫した展開のためには、民主共和制の政治体制の実現をはかるべきだとの立場に立つ。天皇の制度は憲法上の制度であり、その存廃は、将来、情勢が熟したときに、国民の総意によって解決されるべきものである」。

このように確かに新綱領では天皇をめぐる認識を一変させました。「君主制の一種」という錯誤した認識を改めたのはよいことですが、この結論は重大な問題をはらむものです。「天皇の制度……の存廃」を「将来、情勢が熟したとき」まで先送りしたことです。確かに、天皇の位置の世襲については、「民主主義および人間の平等の原則と両立するものではなく」と批判を加えていますが、「天皇の制度」を現に今どうするのか、この核心に答えていないのです。不破氏はこの年の年末に刊行した『新・日本共産党綱領を読む』では、「当然、天皇の制度と共存してゆくことになります」（二八六頁）と説明しました。

また、「天皇の制度」の五文字を使い、「天皇制」とも「象徴天皇制」とも書きません。綱領改訂を主導したのが不破氏だったからです。一九八八年に中曽根康弘政権下で「天皇在位六〇年」をめぐって大きな話題になった時期に、共産党は、「共産党ブックレット」を創刊しました。その第一号のタイトルは『戦前・戦後の天皇制批判』です。ただし、このブックレットの巻頭に収録されている宮本議長の新春インタビューの終わりには「現在の象徴天皇制も主権在民に矛盾しているものです」と書いてあります（六頁）。他にも、関幸夫（二六頁）や吉岡吉典（九三頁）も「象徴天皇制」と書いています。だが、不破氏の国会質問も収録されていますが、彼はこの言葉を絶対に使いません。井上との対談では、井上は「象徴天皇制」と発言しているのに、それを受けた応答でもこの言葉を使いません。

他方、実兄の上田は、二〇〇一年に刊行した『戦争・憲法と常備軍』の第二論文に「象徴天皇制と戦争放棄との結びつき」というタイトルを付けていました（一〇六頁）。

さらに不破氏は二〇一〇年に「読売新聞」で「苦労したというか、知恵を要した点の一つは天皇制の問題でした」と語りました（一二月七日）。これはQ1で触れた「読売新聞」の「時代の証言者」というシリーズの連載です。この回の見出しは「知恵要した『天皇制容認』」と付けられていました。「苦労した」ということは、この問題についてそれまでは正解を出していなかったということです。

また、不破氏は一九九九年に井上ひさしとの対談『新日本共産党宣言』を光文社から刊行しましたが、その冒頭で井上は、不破氏の丹沢の山荘（自宅）の趣味の「コレクションの特等席」に「軍服姿の明治天皇の人形が飾ってある」と紹介しました（二〇頁）。「不破さんが何気なく、『その奥が明治天皇ですよ』と指さしました」ということです。「古いものが好きなんです」（同）で済まされるでしょうか。モスクワで人形を買う機会があったかどうかは分かりませんが、スターリンの人形を買うでしょうか。もらっても飾らないのではないでしょうか。

もう一つ問題があります。この対談で不破氏は、天皇をめぐって「戦後は事情が大きく変わった」が、対談は綱領改訂の五年前です。改訂前の綱領では「もっと先の段階で」などとは書いていません。（一一二頁）とか、「もっと先の段階で『君主制の廃止』が問題になる」（一一四頁）と話しているのですこれほど重大な問題を、綱領を改訂する五年前に勝手に自分だけの見解を公表しても良いのでしょうか。綱領違反ではないでしょうか。不破氏だけにはその権理があるとするなら、それは党員の平等性の否定です。

天皇制をめぐる不破氏の「悩み」と趣味については、深追いする必要はありませんが、その後の共産党の動向については無視できません。「天皇の制度」をどうするのかという核心を先送りした帰結が、最初に明らかにしたように、「象徴天皇制」用語の不使用とその動向についての報道放棄なのです。こうして、共産党は、天皇をめぐる動向には目をつむることになってしまったのです。

Q4　原発をどのように捉えていますか？

二〇一一年三月一一日の東日本原発震災の突発によって、原子力発電の甚大な危険性を多くの人びとが深く実感し、〈脱原発〉が国民世論の多数派となりました。原発が研究用に茨城県東海村に導入されたのは一九五七年で、六〇年代から商業用の原発が稼働しました。当時からその危険性に警告を発した市民運動も展開されていました。共産党あるいは不破氏は原発をどのように捉えていたのでしょうか？　現在は何と主張していますか？

3・11以後、共産党は原発問題についての見出しを、「脱原発」が焦点とならないようにそれこそ日替わり定食のようにころころと変えていました。

この問題では以前の経過をたどる前に、3・11の二カ月後の五月一〇日に不破氏が「古典教室」で講義し、「赤旗」五月一四日号に長い論文を発表しましたから、それを見ることにしましょう。『科学の目で』原発災害を考える」とタイトルされて、二週間後にはパンフレットとして発行されました。このパンフレットは、後年に出版された不破夫人の上田七加子さんの著作『道ひとすじ――不破哲三とともに生きて』によれば、「二三万部ほども」売れたそうです（二三二頁）。

不破氏は原発について、「原子力の利用をめぐる二つの不幸」「原子力発電は『未完成』で危険な技術」「これまでの国会質問から」「福島の原発災害から何をくみ取るべきか」と章を立て、最初の章では「最初の実用化が核兵器だった」「動力炉も戦争目的で開発された」と二つの節で、原発の危険性を明らかにしています。

特徴的なことは、目次にも本文にも当時はマスコミでも大きな活字で報道されていた「脱原発」の三文字がまったく登場しないことです。市民運動がこの旗印の下で大きく活発に展開されていたのですから、「脱原発」というスローガンを掲げてはいけないと主張していることと同じです。そして、目次の最後の見出しは「……安全優先の原子力管理体制」となっています（傍点：村岡）。実はここは「赤旗」の早い版では「行政」となっていたのですが、パンフレットでは変更されました。

不破氏は、二つ目の章に「日本共産党は最初の段階から安全性抜きの原発建設に反対してきた」と節を設け、一九六一年七月の中央委員会総会の決議を引用しました。この決議はパンフレットの最後に転載されています。

確かにそこには「東海村の原子力発電所の建設工事の中止を要求する」とは書いてありますが、この決議の存在は、不破氏がこの日の講演で紹介するまではまったく知られていなかったのです。一九六五年に刊行された『日本共産党重要論文集1上』にも収録されていません。よくぞこのような古文書を記憶していたと感心しますが、「それ以来、この問題でのわが党の立場は一貫しているのです」という説明は歴史の偽造にすぎません。どうしてそんなに重要な文書が3・11以後二カ月間も紹介されなかったのか、と気づくだけでもそのいかがわしさが分ります。共産党指導部は、このような手前勝手で強引な言動が共産党への不信感を生み出していることを、今こそ反省しなければなりません。

不破原発パンフレットには、不破氏の原発問題についての政府追及質問を誇らしげに列挙して、「今度の『前衛』六月号に……全部まとめて掲載しました」と書いてあります。『前衛』には吉井英勝衆議院議員の質問と合わせて八つ収録されていますが、一九七六年から二〇一〇年までです。六一年以来一貫して原発に反対してきたのに、なぜ七六年まで国会で取り上げなかったのでしょうか。その一五年間に国会に議席がなかったわけではありません。そもそも綱領には一言も「原発反対」と書いてありません。

不破氏が一九六一年まで時計の針を戻したので、さらに七年前にタイムスリップしましょう。ソ連邦が原発を世界で最初にスタートさせたのが一九五四年六月でした（三月に第五福竜丸が被曝、半年前の五三年一二月の国連総会でアイゼンハワー大統領が「平和のための原子力」と演説）。四年前から朝鮮戦争が始まっていました。「朝日新聞」は一面トップに「ソ連で原子力発電」と大見出しを付け、「あなどり難い実力を持っている」（七月一日）と解説しました。この時、「五〇年分裂」で苦しんでいた共産党は、「アカハタ」一面トップで「平和利用を実現　人類史に新しいページ」「社会主義の勝利」と大見出しを付けて報道しました（七月二日）。四日後には「ソ同盟科学技術の勝利」「無限の繁栄を約束」の大見出しです。当時はソ連邦を「ソ同盟」と呼称していました。次の日は「原子力は人間に奉仕する」とモスクワ放送を記事にしました。三年後、五七年にはソ連邦は人工衛星スプートニクを打ち上げ、宇宙開発競争でアメリカよりも先んじたので、共産党員や社会党員は歓喜して「社会主義の成功」を実感したのでした。前年のハンガリー事件をバネに誕生したばかりの新左翼はそれよりも「スターリン主義批判」に傾いていいました。

それ以後、共産党は原発についてはどちらかというと、危険性を批判するよりは、科学の成果として肯定的に評価する立場を表明していたのです。そのことが、平和運動のなかでの社会党との対立の一つの争点ともなっていました。

歴史のおさらいはこのくらいにして、不破原発パンフレットが発行される直前の五月二三日にまったく新しい動きが起きました。「赤旗」は一面トップに「原発撤退　ゼロへの計画を」と横書きの大見出しを打ち出しました。前日には一面左に青森県知事選挙の記事で「『原発ゼロへ転換図れ』党候補の訴え共感広げる」と四段見出しでした。二三日の記事には、「日本共産党は一九六一年に日本最初の商業用原子炉……の建設工事の中止を要求する決議を採択して以来、一貫して原発立地に反対し……」と書いてありました。それ以後「原発ゼロ」を宣伝文句とするようになりました。

しかし、わずか一カ月前の東京都知事選では「原発ゼロ」とは主張しませんでした。一週間前に投票日だった東京・足立区長選で党推薦の吉田万三氏が「脱原発」をメインスローガンにしていたのに、「赤旗」での吉田候補の関連記事では一度の例外を除いて「脱原発」とは書かなかったのです。なお、吉田氏は、一九九六年に足立区長を務めたこともあり、九七年の第二一回党大会で「国内来賓あいさつ」をしたこともありました。私事ながら、私はこの区長選挙の応援に出かけツーショットの写真を撮りました。

この年の夏には、街頭には「原発ゼロ」とはそぐわない「安全優先の原子力政策に転換を」という間の抜けた、共産党のポスターが張り出されていました。新しいポスターに張り替える余裕がなかったのでしょう。

この認識の遅れは、共産党の影響が強いと思われている原水協や被団協などが、「被曝」という共通体験がありながら3・11後、さしたる活動を展開できなかったことにもつながっています。本当は、3・11を原水協と原水禁の積年の対立を克服するチャンスとして活かすべきだったのです。

共産党は、3・11から一年半後「二〇一二年九月に『即時原発ゼロ提言』を発表し」ました（第二六回党大会、三二頁）。「脱原発」はどちらかと言うと社会党系の市民運動の主張でした。Q2の最後に紹介した清水慎三の教えを志位氏も踏襲したのでしょう。その「原発ゼロ」が、不破パンフレットには書かれていないのです。つまり、不破原発パンフレットは乗りこえられてしまったのです。

不破氏は、第I章にも書いたように、今年七月に『マルクスと友達になろう』というパンフレットを出しましたが、そこで原発にも一節を設けて触れています。私の批判が目に止まったのかどうかは分かりませんが、さすがに、一九六一年いらい原発反対を一貫して主張しているとは言わなくなりました。ところが、そこには「原発ゼロ」と一言も書いてありません！　昨年一月の第二六回党大会の決議でも「『原発ゼロの日本』は多くの国民の切実な願いになっている」と確認されています。党として原発問題では必ず主張しているスローガンにまったく触れないとはどういうことでしょうか。また、四つの項目が目次に書いてありますが、原発パンフレットに修正を加えて書かれていた「安全優先の原子力管理体制」はありません。この点でも不破原発パンフレットは役に立たないと白状しているようなものです。

不破氏の名誉のために付言すれば、不破原発パンフレットにも書いてあるように、確かに不破氏は国会で何度も原発事故を取り上げ、政府を追及してきたことも事実です。その点は公平に評価しなくてはなりません。とはいえ、二〇〇三年までは議員だった不破氏は、二〇〇〇年の質問の後は、原発について国会で取り上げていません。なぜ、〇一年以降は原発の現実と向き合うことを止めてしまったのでしょうか、この疑問は第Ⅴ章で明らかにします。

原発問題での不破氏あるいは共産党のつまずきの根底には、科学技術をどう捉えるかという問題と、ソ連邦をどう評価するかという大きな問題が横たわっています。前者についてだけ簡単に指摘します（後者については第Ⅵ章で取り扱います）。

科学技術をどう捉えるかという問題は、生産力の発展をどう考えるかという問題でもあります。私は、一九八〇年に当時在籍していた第四インターの機関紙「世界革命」に「ソ連邦論の理論的前提と課題」と題する論文を発表し、「〈人間と自然〉のあり方」と小項目を立てて、マルクスの『ドイツ・イデオロギー』を批判しながら「核心的問題は、生産の量ではなく、質である」と明らかにしました（私の最初の著作『スターリン主義批判の現段階』に収録、一八六頁）。今年初めの『日本共産党をどう理解したら良いか』でも、「〈脱経済成長〉の視点の欠落」として、共産党の考え方を批判しました。ぜひ参照してください。

ただ、留意しておくべきことがあります。ここで明らかにしたように、不破氏が主張していなかったこと、そして現在でも使わない「原発ゼロ」という標語が共産党のメインスローガンになったことです。あえて言えば、不破氏を超える動向が起きているということです。同じことは四年後の今年七月にも、「自衛隊活用」を巡って起きていますが、それはＱ１で明らかにしました。

3・11直後から、脱原発をめざす大きな市民団体が相次いで誕生しました。六月には「さようなら原発一〇〇〇万人アクション」(A)が、九月には「首都圏反原発連合」(B)が、一二月には「原発をなくす全国連絡会」(C)が結成されました。Aは旧社会党系文化人が中心で、Cはその「目的」に「原発ゼロをめざして取り組みを進める」と明示していて、共産党系としてよいでしょう。この三者は共同集会を開催することもあり、一二年三月末から始まった、Bが主軸の国会周辺のいわゆる「金曜デモ」は現在も持続的に展開され、志位委員長をはじめ参議院議員の吉良よし子さん(共産党)なども頻回に参加・発言しています。Aが主催した二〇一一年九月一九日の東京・明治公園での集会には六万人が結集し、翌年七月には一七万人(主催者発表)の大集会が東京・代々木公園で展開され、「赤旗」でも大きく報道されました。今では、共産党は脱原発運動の欠かすことができない、大きな責任ある担い手として活動しています。

第Ⅳ章　不破哲三氏の歩み

不破哲三氏の八五年

不破哲三、本名は上田建二郎です。一九三〇年一月二六日に、上田庄三郎・鶴恵夫妻の次男として東京・野方町（現在の中野区野方）で生まれました。

まず、今年で八五歳となる、その主要な経歴を年表風にまとめてみましょう。その実績のゆえに、取り上げるに足る人物となっているからです。

一九四二年　四月　東京府中第六中学校に入学
一九四五年　九月　降伏文書に署名＝敗戦　★
一九四六年　九月　旧制第一高等学校（東京大学教養学部）に入学
一九四七年　一月　日本共産党に入党　（以下は党と表示）
一九五三年　三月　東京大学理学部卒業
同　　　　　　　　日本鉄鋼産業労働組合連合会に本部書記として就職

同　　　　　後町七加子と結婚
　　　秋　　不破哲三のペンネームで党機関誌『前衛』に論文掲載
一九五九年　四月　長女誕生
一九六〇年　　　　安保闘争　★
一九六二年　夏頃　党本部の非常勤メンバーに
一九六四年　三月　党本部の専従職員に　政策委員会所属
一九六六年二月〜四月　党代表団の一員として、ベトナム、中国、朝鮮を訪問
　　　一〇月　党中央委員に（第一〇回党大会）
一九六九年一二月　衆議院選挙で当選（東京六区）　以後、二〇〇〇年まで連続一一期当選
　　　　　　　　　二〇〇三年二月に引退
一九八二年　七月　党委員長に（第一六回党大会）
一九八五年　三月　ソ連邦を訪問（ゴルバチョフと会談）★
一九八六年　　　　神奈川県相模原市の丹沢ふもとの青根に土地を購入して、山小屋風の丸太作りの
　　　　　　　　　山荘を建てる　★（居住するのは後日）
一九八七年　四月　心臓疾患で入院
　　　一一月　党副議長に（第一八回党大会）
一九八九年　六月　党委員長に復帰（中央委員会総会で）

一九九一年一二月　ソ連邦崩壊
一九九七年　五月　宮本顕治議長引退（八八歳）（第二一回党大会）
一九九八年　七月　中国訪問　日中共産党、三二年ぶりに和解　★
二〇〇〇年一一月　党議長に（第二二回党大会）
二〇〇四年　一月　党綱領抜本改定を主導（第二三回党大会）
二〇〇六年　一月　党議長を引退（第二四回党大会）　党社会科学研究所所長に
二〇一〇年一一月　「読売新聞」の「時代の証言者」に連載　後に単行本に★
二〇一四年一二月　衆議院選挙で京都で応援演説　★
（この年表は、『不破哲三　時代の証言』巻末の年表から作成。★はそこには記載されていません）

これが不破氏の歩みの概略ですが、共産党とはどのような政党なのかを知っておく必要があります。第Ⅵ部で詳しく明らかにしますが、共産党は最盛時には党員が四九万人も自発的に結集していた巨大組織です。公明党は約四〇万人です。いくつかの宗教団体（創価学会が公称八二七万世帯、浄土真宗の本願寺派約七〇〇万人、大谷派約五五〇万人の信者）は規模は大きいですが、性格が大きく異なります。現在の日本を「資本主義社会」として捉え、強く批判している勢力＝左翼のなかでこれほど大きな組織は他にありません。国会には衆議院二一人、参議院一一人の議員を擁しています。しかも共産党は、その歴史と立ち位置のゆえに公安調査庁や警察から絶えず狙われ、きつい言葉を使えば弾圧されてきました。そのトップを務めることは並大抵のことではありません。何年からかは外からは知ることはできませんが、九〇年代後半には、不破氏は、体調が優れない高齢の宮本顕治に代わって全責任を実質的に担うことになっていたでしょう。このことを何よりもまずしっかりと理解しておかなくてはなりません。

また、不破氏は理論活動はきわめて旺盛で著作を一四〇冊以上も書いていますが、自身の活動や私生活について語ることはほとんどなく、対談も少なくはありませんが、水上勉や井上ひさしとの対談、自然科学者との対談集以外は著作にはなっていません。周囲でも彼のことを語る例は稀れなので、後世の伝記作家は苦労するでしょう。宮本には、一九八二年末まで記録した『宮本顕治の半世紀譜』があります。

幼年期　小説を書く小学生の軍国少年

その不破氏はどのような幼年時代を過ごしてきたのでしょうか。

生まれた年、一九三〇年は、日中戦争の発端となった「満州事変」が起きる前年です。昭和で数えれば五年です。生家は豊多摩刑務所（後に中野刑務所と改称し、現在は平和の森公園になっています）の北側にありました。三二年に東京都になり、中野区となりました。

上田少年は、小学校の時から利発な子どもでした。九歳の時に小説を書き、それが『綴方学校』なる、表紙に「子供の文化のための雑誌」と銘打たれている雑誌に掲載されました。作品のタイトルは「怪塔ロケット」です。掲載にさいしての説明文にはこう書いてありました。「この作者の上田建二郎君は東京市内の某小学校の三年生である。夫々四百字詰原稿用紙百五十枚に近い原稿が編集部に持ち込まれてきた。……上田建二郎君は学級で一、二の成績をとっている天才的な優等生で、あまり細事にくよくよしない性質をもっている。記憶力なども非常によ」い、と紹介されました。小説には「神出鬼没」「爆弾砲」などの漢字も使われていました。とても九歳の少年のものとは思えません。聖楽モーツアルトは六歳で作曲したと言われていますが、九歳で一五〇枚もの小説を書くとは驚嘆するほかありません。

上田少年が使った用紙は父親が書き損じた原稿用紙の裏紙でした。父親の上田庄三郎は教育者で、東京に出てくる前は、生まれ育った高知県で小学校の校長も経験していました。母の鶴恵も教師でした。庄三郎については、少し後で紹介しますが、上田の家は、貧しかったのですが、たくさんの書籍がありました。建二郎少年は、『現代日本文学全集』『明治大正文学全集』『現代大衆文学全集』、外国の翻訳物を片端から読破し、文学少年になっていきました。小学校二年、八歳になると「小説めいたものを書きだした」といいます。その一年後の作品が「怪塔ロケット」でした。

「作家で誰が好きか」と父に尋ねられた建二郎少年は、「即座に『吉川英治』と答え」ました。『鳴門秘帳』『宮本武蔵』などが愛読書だったからです。四年生、一〇歳の時、父は面識もない吉川英治に手紙を書き、わが子の入門をお願いしました。高名な文学者・吉川は、面会を求める庄三郎に丁寧な返事を寄こしました。手紙は、自身を「机塵の中の一書生」とへりくだった筆で「ひと朝御尋ね下さいまし」と結ばれていました。親子は、東京・赤坂の乃木坂にあった吉川宅を訪ねます。吉川は、建二郎少年「のかいたものをぱらぱらと見」て、「最後に、『二十歳になって、まだ書く気があったら、どうぞまたいらっしゃい』」と言いました」(『時代の証言』九頁)。不破氏は会話の「最後の忠告が、いまでもさすがと思います」(『新日本共産党宣言』五一頁)と回想しています。親子は、帰りに吉川の小説を四冊戴いて家路に着きました。このことについては、不破夫人・七加子さんが二〇一二年に刊行した『道ひとすじ』で、「多くの方に知られているエピソードです」と書いています(二〇八頁)。

五四年後の一九九四年に、この時の吉川の返信が、三歳上の兄・上田耕一郎の「雑多な書類の束のなかから出てきました」(『一滴の力水』五一頁)。不破氏は、この手紙を同年一一月に青梅の吉川記念館に寄贈し、吉川夫人も深く喜び、それを機縁に不破夫妻は吉川夫人文子さんと交流を重ねています。この寄贈の前、同年四月に『週刊文春』の企画で、不破氏は和服の「文士」の姿で、吉川宅で吉川が使っていた書斎・机で写真を撮ったこともあります(その写真は『一滴の力水』五七頁に掲載されています)。なお、この吉川の手紙の発見について、不破氏は、『一滴の力水』の五年後二〇〇五年に著した『私の戦後六〇年』ではなぜか「一九九〇年代になって、思わぬところから見つかりました」(一六頁)とだけ書いています。話が先に進み過ぎましたから戻りましょう。

上田庄三郎について見ておきましょう。庄三郎は、一八九四年(明治二七年)に高知県幡多郡(現・土佐清水市)三崎で誕生しました。妻鶴恵は中村市(現・四万十市)生まれです。土佐は、四国の太平洋側、日本の辺境に位置し、明治維新の後、板垣退助や植木枝盛らが自由民権運動を起こし、土佐の先人には中江兆民もいます。大逆事件で刑死した幸徳秋水（一八七一年～一九一一年）は中村出身です。庄三郎は、不破氏によれば「木こりの貧乏百姓の息子」でした。

庄三郎は、師範学校を一九一四年（大正三年）に卒業した後、故郷で小学校に勤務し、青年教師のサークル「闡明会」を結成しました。教育の自由を求め、教育革新を願う青年教師のこの集まりは、しばしば弾圧の対象となりました。庄三郎は、二一年、益野小学校の校長に任命されました。栄転ではなく、赴任先の校舎は焼失していてありませんでした。庄三郎は、そんなことにもめげず、村のお宮を校舎にみたて、そこに「益野児童共和国」の標札を掲げました。そこでの教育理念を不破氏は、井上ひさしとの対談で引用しています。

「学校が兵営でない限り、学校が牢獄でもない限り、学校は子どもたちに最大の自由が認められ、最大の創造心を培う殿堂であらねばならない。

およそ子どもたちの自由と創造の天地と殿堂を壊し、これに圧迫を加えようとするものは、もはや教育というものではなく、教育を語る資格はない」（『新日本共産党宣言』二五二頁）。庄三郎は、「童心こそ人類の地軸」と説いたのです。

その後、庄三郎は幡多を追われ神奈川県に移り、雲雀ヶ岡「児童の村」小学校校長となり、二九年（昭和四年）に全国的な生活綴方教育運動の推進を意図した機関誌『綴方生活』の創刊に参加しました。この生活綴方教育運動は大きな成果を挙げました。当時世界では、エレン・ケイ『児童の世紀』の発行、J・デューイによる実験学校の創設など、いわゆる新教育運動・教育改革運動が展開されていました。その後、その思想や実践が大正デモクラシー運動を背景として、大正自由教育として花開くのです。庄三郎が展開した益野児童共和国や綴方運動はその先駆的な実践でした。

――以上の記述は、山本大・千葉昌弘著『高知県の教育史』（二二五頁。二七五頁～二八三頁）と不破氏の著作によります。

神奈川に住んでいた時に長男耕一郎が生まれ、東京に移ってから建二郎が生まれました。兄弟の名は、耕＝農業、建＝労働という意味で命名されたと言われています。東京では夫婦、子供五人、祖母の八人の家族でした。出版社を転々とし教育評論の原稿を書いて生計を立てる上田家は貧しかったのです。こんなこともありました。当時は布団の綿を自分の家で入れ替えていましたが、母は、野原へ行ってススキの穂を刈ってきて「自分の布団には綿の代わりにそのススキの穂を入れ」（『一滴の力水』一六四頁）ていたといいます。

高知での庄三郎は、教え子たちに深く慕われていて、一九八三年に生地に立派な石碑が建てられました。不破氏は、井上ひさしとの対談でこんなふうに回想しています。「海岸がずっと国立公園となっていて、その龍串という名勝地に、見上げるような巨大な自然石を刻み込んだ、父の碑があるのです。……碑面には『上庄先生を憶う』という碑銘があ〔る〕……妻と二人、この碑の前に立って、やはり深く感動しました」（『新日本共産党宣言』二五三頁）。一九九七年一一月に初めて父の故郷を夫婦で訪ねた時のことです。この時には、当時、高知県知事だった橋本大二郎氏夫妻と「四人対談」も行っています（『同じ世代を生きて』一三六頁）。

話が後年に及びましたが、このような家庭環境で「文学少年」だった建二郎は、同時に時代の子でもありました。彼が生まれる五年前、一九二五年には普通選挙（男子のみ）と合わせて共産党などを弾圧するための治安維持法が制定されました。天皇と軍部が支配する戦争の時代だったのです。

不破氏は、水上との対談で、一九四一年の真珠湾奇襲の日のことや勤労動員について語っています。「私の場合は、小学校六年生の一二月でした。……学校は戦争バンザイ一色でした。……いわば軍国少年の高揚した雰囲気で一日を過ごしました」（六三頁）。

中学「三年生（四四年）の春からは、全面的に勤労動員。一学期は軍用の防空壕掘りで、二学期からは、明電舎という電機会社の東京・大崎の工場でした。……高速度で回転している研磨板の上で、水晶を薄い板状にすりあげるのですが……子どもの指がたちまちすり減って、骨が見えるようになるんですよ」（六五頁）。

『時代の証言』でも同じことを語り、さらに「四五年五月二五日の東京西部の大空襲では、わが家の周辺も焼夷弾の雨にさらされました。……

それでも、私は、『神国日本は負けるはずがない』と本気で思っていました。

忠実な軍国少年だったのです」（一二頁）と明かしています。

『私の戦後六〇年』では、さらに「その間、徹底的に頭の中に刷り込まれたスローガンが三つありました。『神国日本』『八紘一宇』『神州不滅』の三つです」とも書いています（二二頁）。

また、七加子さんの回想録には「子供のときのこんなエピソード」が紹介されています。「不破は幼い頃、家で『床の間』というあだ名をつけられていました。なぜかというと、泣き虫で、何かあるたびに床の間に向かっては泣いていたからだそうです。悲しいだけでなく、何か感情が動かされることがあると、すぐに涙が出てしまったと言っていました」（一二〇頁）。

敗戦、共産党への入党、東大時代

一九四五年八月一五日、日本人は天皇の「玉音放送」によって戦争が終わったことを知らされます（正確には九月二日のアメリカの軍艦ミズリー号でのＧＨＱ＝連合国総司令部との降伏文書への署名によって、日本はアジア太平洋戦争に敗北したのです）。不破家にも変化が起きました。

不破氏は、『時代の証言』では、「一九四五年八月に戦争が終わってから、翌年九月に旧制第一高等学校（東京大学教養学部の前身）に入学するまでの一年間は、私にとって政治的な意味での準備期間でした」と話し、「わが家で最初に左翼の旗を掲げたのは父の上田庄三郎でした。戦争中、父の書斎には変なカバーをかけた訳の分からない本が二冊ありました」。無政府主義者クロポトキンの本と『共産党宣言』で、タイトルがすぐに読めないように工夫してありました。「そんな父でしたから、四五年一〇月、戦争中投獄されていた共産党幹部の出獄歓迎集会に掛けつけ、再刊された党の機関紙『赤旗』の第一号から読者になりました。〔三歳上の〕兄の耕一郎は戦争中、旧制一高に進学していました。一高は治外法権的なところがあって、戦争中もマルクスやエンゲルスに触れる機会があり、わりと早く『マルクス派』になっていきました。……戦争に反対し、獄中で頑張り抜いた党があったという事実には、敗戦以上に大きな衝撃を受けました。それが共産党に傾いてゆく一番の動機でした」（一三〜一六頁）。

「一高は全寮制で、……しばらくして兄と同じ『社会科学研究会』に入りました。四七年の正月早々、……兄たちが四六年暮れにつくった……一高細胞の一員となったのです」。「細胞とは現在の支部のこと」と説明してあります。そして、不破氏は「この道に入ったら将来は職業革命家になると思いこんでいました」（一七頁）。

不破氏は、「自分でガリ版（一九六〇年代まで一般的だった古い印刷の方法）を切って、八ページくらいの細胞新聞も発行し」たり、街頭演説もしました。「レーニンの『哲学ノート』のドイツ語版を持っている人を見つけたら、ドイツ語などろくに読めないのに、借り込んで大事だとおもうところを丸写し」ました。この頃からすでに勉強家だったのでしょう。後年、七加子さんは「レーニンの『哲学ノート』が一冊まるまる、ドイツ語できれいに書き写されているのです」と少しオーバーに書いていますす（一二〇頁）が、後で触れるように悪筆のはずの不破氏がドイツ語だと「きれいに書き写」すことができたのでしょうか。また、夫人は、「本人も認める通り、不破は『生来、人前で話すのが苦手』で、……初めての街頭演説をするときには、『清水の舞台から飛び降りるほど緊張した』とかいう話も聞いたことがありました」（一五二頁）と書いています。こっちのほうは、不破氏自身が、『私の戦後六〇年』で、「この頃、私は人前で話すのがなによりも苦手でした。……小人数の細胞会議に報告する時でも、つっかえつっかえ話す」と書いています（四二頁）。

建二郎氏は、四九年四月に駒場の教養学部から本郷の理学部に進みます。

不破氏が入党した三年後に、共産党は「五〇年分裂」に陥ります。第Ⅵ部で詳しく明らかにしますが、全国の党組織が分裂しました。五〇年六月には朝鮮戦争が勃発します。同時にGHQによる「レッドパージ」――共産党員を公職や職場から追放する弾圧――の嵐が吹き荒れました。

不破氏に戻ると、「東大細胞は、党の分裂の以前に、上部から解散指令を受けていました。私たちは、……大学の党細胞を再組織し、『全国統一委員会』をつくった宮本〔顕治〕さんたちの側で活動しました。……私は自治会役員の仕事だけはきちんと果たしました。……『レッドパージ反対集会』をめぐり、各学部の自治会責任者が一斉処分を受けました。〔ストライキを唯一組織した理学部の〕自治会副委員長だった私も、続いて無期停学となりました」（『時代の証言』二三～二四頁）。

「私が政治論文らしいものを最初に書いたのも、五〇年問題の展開のなかでした。……五一年には……論文『所感派の極左冒険主義の誤謬はどこにあるか』を書き、それが『統一委員会』系の組織の新聞に掲載される、ということがありました。『所感派』というのは、その当時の『武力闘争』派の呼び名です。……この年の五月祭〔東大の学生祭〕では共産党の統一の展望を主題にした展示会を企画しました。……この展示会は、私にとって、宮本顕治さんと初めて顔を会せた、思わぬ機会となりました」（同、二五頁）。宮本は一九二八年に経済学部に入学した母校の五月祭を見に来ただけだったので、この時には会話したわけではありませんでした。『宮本顕治の半世紀譜』には、「東大五月祭に際して『百合子の生涯について――宮本百合子展示会に際して』を執筆」と記録されています（一〇二頁）。この『半世紀譜』には宮本の息子の愛犬が賞を取ったとか死んだとか「都内で靴などの買物」までが記録されています（二二三頁、四二九頁、四八七頁）。なお、不破氏が登場するのは、一九七〇年に書記局長になってからで、数回だけです。

不破氏は、この記述の後すぐに「東大卒業後、労働組合の書記として一一年間働きました」（二七頁）と話を転じています。

しかし、この時期には、どうしても明らかにしておかなくてはいけない、不破氏にとっても共産党にとっても重大な「事件」が起きていたのです。五二年二月に突発した「東大リンチ事件」です。実は、不破氏はこの「リンチ事件」の〝被害者〟だったのです。

この一件については、当事者でもあった安東仁兵衛が一九七六年に『戦後日本共産党私記』で克明に記録を残しました。その生々しく凄惨なリンチの実態を知れば、不破氏にとっては決して知られたくないいわば「恥部」だったと分かります。「旧悪暴露」はどんな場合でも見苦しく、書くことに強い躊躇の念が湧きますが、目を逸らすだけでは、同じ過ちを繰り返すことに通じますので、あえて少し明らかにしたいと思います。

安東は、「第七章　スパイ査問・リンチ事件」で、経過を全面的に暴露しました。書き出しをそのまま引用します。

「運動が下降線をたどり、組織が沈滞していた五二年の春先に、突如大事件が発生して国際派東大細胞は危機的状態に陥った。事件とは『スパイ』戸塚〔秀夫〕、不破〔哲三〕、高沢〔寅男〕に対する査問・リンチ事件である。キャップの戸塚、L・C〔指導委員会〕で戸塚とともに細胞の指導的メンバーであった不破、そして国際派学生細胞の指導的メンバーであり都学連の委員長である高沢の三人がスパイであるという実に驚くべき事件が現出したのである。細胞は極秘裡のうちに約二ヵ月間この査問をおこなって右三人をスパイとして断罪し、……組織から排除した。若干の時間を経て……再審査の結果、判定はくつがえされて三名は組織に復帰することになった」（一四九頁）。

戸塚は後に東大社研（社会科学研究所）の教授となり、高沢は社会党の国会議員や副委員長を務めました（私事ながら、私が東大の職員だった頃に社研の戸塚研究室を何度か訪ねたことがあり、高沢には私がやっていた雑誌『カオスとロゴス』出版のための会の代表になっていただいたことがありました）。

先の引用だけではその実態は分かりませんが、安東は自身も加わって手を振るった査問の様子を克明に暴いています。彼らは東大文学部の「最上階の小さな踊り場のようになった場所に車座になった。……狭い空間になった〝部屋〟の壁を背にして不破が直立不動で立たされていた。尋問は武井〔昭夫。全学連委員長〕がやっていた。……突如、武井の手が不破の顔面に飛び、なぐり飛ばされた不破の眼鏡がコンクリートの床の上で音を立てて滑った。ワアーッと恐怖と驚愕が私の全身を硬直させた――小便がもれるほどの衝撃。……『貴様！』武井は殴打しながら不破をなじった。『もう証拠は挙がっている。早いところ白状しろ』武井の勢いはすさまじかった。不破は真っ青になって否定しつづけた。

『知りません』『分りません』」（一五二〜一六九頁）。

「戸塚と不破の顔が変形してきたが、手はゆるめられるどころかはげしくなった。異様な、あるいは奇怪な情景であった」。

「翌日も査問は休みなく続けられた。……吹雪の中の東大の構内の一角でこの異常な事件は発生し、進行していたのである」。

「二晩であったか、三晩であったか、……査問は続行された。不破の兄、上田耕一郎が急に連絡がなくなってしまった弟の消息を尋ねて部屋にきた」。

この査問は、場所を東大から彼らのだれかの下宿や知人の葉山の別荘へと移され、いっそう異常さを増していったのです。戸塚は自殺未遂まで引き起こしました。そのすべてを引用することはやめましょう。後日、「罪状」は根拠なしとされ、彼らの「除名」は取り消されました。

この渦中でリンチされた不破氏は、なぜこの一件について沈黙を守るのでしょうか。それから約二〇年後、新左翼党派のいくつかが「内ゲバ」へと陥没していきました。一九七二年初めに起きた連合赤軍のリンチ事件で一二人が殺されました。革マル派と中核派などの「内ゲバ」では三桁の青年が殺されています。逆にその約二〇年前一九三三年末には宮本顕治も出席していた査問の最中に党員が死亡する事件が起きていました。それらを「左翼組織の宿命・宿業さ」と切り捨てたり、逆に沈黙や忘却によって無かったことにしてしまうことは、いずれも犯した罪、あるいは傍観した罪から逃げるだけではないでしょうか。苦痛に耐えて直視し、そこから教訓を掴みとる努力が求められているのだと思います。仲間の内部や党派間の主張の相違や対立を暴力によって「解決」しようとすることは絶対的な誤りであり、決して手を染めてはならないのです。

後町七加子さんと結婚

この東大時代の不破氏にはもう一つ大きな、人生行路を決定する出来事がありました。後町七加子さんと一九五三年三月に結婚したのです。すでに彼女の回想録から引用していますが、この結婚について紹介しましょう。

二人の出会いと交際は、一九四九年から始まりました。

不破氏が「妻の七加子は、旧制第一高校に近い府立第三高等女学校（都立駒場高校の前身）専攻科出身で、一高生の友人も多く……私より一年後の四八年に共産党に入党しましたから、一高時代からお互いに顔は知っていました」と紹介しています（『時代の証言』三三頁）。その年夏頃、民主主義学生同盟の結成大会で、七加子さんが挨拶し、建二郎氏は「勇敢な女性だな」と思ったということです。その後、七加子さんは、党渋谷地区の「常任」になります。四九年一〇月にその事務所で再会し、交際するようになりました。その年「一二月に私〔不破〕のほうから求婚の手紙を出しました。……一二月二五日夜、婚約の意思統一をしました」（同、三四頁）。

七加子さんの回想録には、「奥多摩の山登り」に行ったこと、「街角で焼きイモを買い、分けあってされています。

食べた」（七八～七九頁）ことなどが懐かしそうに書かれ、二人が交わしたラブレターもいくつか紹介されています。

こうして、「東大（理学部）物理学科を卒業した一九五三年三月は、慌ただしい毎日でした。一週違いで就職、結婚も重なり、人生三つの節目が一度に来たのです」（『時代の証言』、三三頁）。

「結婚式は、当時珍しかった実行委員会形式で、会費は一五〇円。当時、総合雑誌が一〇〇円前後という頃だったと思います。……会場は一高の同窓会館だった。……お金がないので新婚旅行は、七月、……アルバイトの取材旅行と兼ねて行きました。……松山と京都でそれぞれ一泊しただけ。あとは夜行列車や船中などで眠りました」（同、三五頁）。

「結婚後、一番の問題は住居でした。当初は、私の実家で父が書斎に使っていた四畳半を拝借しました。その後はアパートや間借りの安い部屋を求めて中野区、目黒区、杉並区を転々としました。『一畳千円』と言われた当時の相場程度のところばかりです」（同、三六頁）。その後、六〇年一月にひばりが丘団地に引っ越し、「九年間住み」ました（同、三八頁）。

七加子さんの回想録には「新婚生活の『財産目録』」も表示されています（一一二頁）。「合計一万四四四七四円」でした。新婚旅行では、広島にも訪れ、原爆ドームで「言葉にならない重い感情に襲われた」ということです（同、一一四頁）。「家賃の安い部屋」の実情も詳しく書かれています。

ふと、私ごとになりますが、これより一〇年後に、上京して大塚駅近くの三畳＝三〇〇〇円のアパートに住むようになったことを思い出しました。この一〇年間、物価は余り変動しなかったのでしょうか？

六〇年安保闘争については、不破氏はわずかに二度だけ言及しています。最初は、ひばりが丘団地に触れたところで「『ひばりが丘民主主義を守る会』の運動など各分野の活動に、夫婦共同で取り組みました」（『時代の証言』三八頁）とあり、次は鉄鋼労連書記としての国会デモだけです（後述）。

七加子さんは「団地自治会の役員になって、教宣部長と副会長を務め」（『道ひとすじ』一三九頁）、さまざまな活動を活発に展開していたようです。

ところで、七加子さんは、五二年の「血のメーデー」事件については、自身も参加していて、警察に狙われる身だったことも、地域の人たちが彼女を守ってくれたことも、不破氏も一足遅れてアパートに戻ってきたことも回想しているにもかかわらず、その三カ月前の「東大リンチ事件」については一言も触れません。七加子さんも兄の耕一郎と同じに消息不明の恋人を深く心配したに違いないと思われるのですが……。

鉄鋼労連書記時代

不破氏は、一九五三年三月、東大理学部を卒業すると、鉄鋼労連（日本鉄鋼産業労働組合連合会）の本部書記に就職しました。配属されたのは企画調査部です。不破氏の説明によれば、「五一年に設立された鉄鋼労連は、五二年に総評（日本労働組合総評議会）に加盟した新興勢力でした。……〔本部の〕

家主は、合化労連で……入り口の小部屋に社会主義協会がいる……総評草創の時期を象徴するような状況でした」（『時代の証言』二八頁）。

「鉄鋼労連は、……大手組合の多くでは会社に直結した右派が大きな力を持っていましたが、本部には『炭労（日本炭鉱労働組合）〔後に六〇年の三井三池闘争の主役〕のような強い組合になりたい』と願う人たちが少なからずいて、こちらが仕事を呑み込むにつれ、気持ちよく働けました」（同、二九頁）。

不破氏はそこでの体験として、労資なれ合いの実態を暴露していますが（同、三三頁）が、「私の青春の貴重な一時代でした」（同）と結論する割には、あっさりとしていて物足りない感じです。第Ⅲ章で触れた清水慎三のエピソード（同、四三頁）だけが印象的です。

七加子さんは、この時期に不破氏は「実にめまぐるしく日本中を飛びまわったものでした」（一二二頁）と書いていますが、不破氏の『時代の証言』では労働組合の書記としての活動よりは、論文の執筆とその発表についての記述のほうが勝っています。『時代の証言』ではわざわざ「ペンネームで論文寄稿――『不破哲三の誕生』」と節を立てています。

ペンネーム「不破哲三」誕生、健筆ふるう

「五三年の秋、共産党の理論誌『前衛』に、日本革命の戦略を論じた『民族解放民主革命の理論的基礎』という論文を『不破哲三』のペンネームで発表しました」（『時代の証言』四〇頁）。

このペンネームの由来について、不破氏は実家の近くにあったペンキ屋の名字と「『鉄鋼』の『鉄』をもじって『哲三』にした」と説明しています（同）。このペンネームを復活させて論文を発表するようになったのは、五〇年分裂を修復した、五五年の「第六回全国協議会」（六全協）と五六年の「スターリン批判」の後からです。

不破氏は、当時執筆した論文としては前記の『前衛』掲載論文だけしか上げていませんが、他にも党の内外に大きな影響を与えた論文をいくつか執筆しています。その一つは、上田耕一郎著として、一九五六年に大月書店から刊行された『戦後革命論争史』（上下）です。「はしがき」に「畏友不破哲三の全面協力にあずかった。……本書は事実上、両人の共著というべきものである」とされていました。五八年四月には古在由重・井汲卓一ら共編『現代マルクス主義――反省と展望・Ⅲ・現代革命の諸問題』（大月書店）に「社会主義への民主主義的な道」を掲載し、翌五九年五月には月刊『現代の理論』創刊号に「日本の憲法と革命」と題する論文が掲載されました。『現代マルクス主義』は、「現代マルクス主義」派（別名「構造改革派」）と呼称される由縁となった集団的労作で、『現代の理論』は第八回党大会を契機に党を離れた安東仁兵衛などが中心となって創刊された理論誌として注目を浴びていました。その創刊号の第二論文として不破氏が登場したことは小さくない意味を持っていました。これらは、不破氏や上田が構造改革派寄りの流れに関わっていたことを現すものです。その後、両人は第八回党大会で構造改革派を誤りだとする宮本顕治の側に転じました。

そのため、この『戦後革命論争史』は、六四年に絶版とされました。ところが、その一九年後一九八三年に、両氏はそろって、この著作の刊行に関して『前衛』に「自己批判論文」を掲載しました。「自己批判」の核心は、不破氏によれば「党内問題を党外の出版物で論じるという、事柄の根本そのものにあった」というのです。この後日談はさておき（後述）、不破氏は、労働組合書記としてよりも、理論家として努力を重ねていたようです。

先に「青春の貴重な一時代」という回想を引用しましたが、その直前には「この時代のことは、これまで人に聞かれたこともあまりないし、自分で書いたこともないのですが」と断りが書いてありました。この断り通りに、不破氏は一一年に及ぶ労働組合書記時代のことはなぜか余り語りません。一九六一年の第八回党大会で幹部会員に選出され、後にいわゆる「ソ連派」として除名された、国鉄労働組合の副委員長や参議院議員でもあった鈴木市蔵は、当時の不破氏についても知っていて、八〇年代に私に、「不破は一を聞いて十を知る切れ者だった」と教えてくれたことがありました。

この時期の後半には一九六〇年の安保闘争が戦後最大の規模で闘われたのですが、不破氏は、「私は、労働組合にいて、デモでは毎日のように、組合員といっしょに国会につめたものです」（『日本共産党史を語る』二〇〇六年、上、二八七頁）と話している程度です。普通の人はデモに参加するのであって、「国会につめ」ることはありません。数年後には「鉄鋼労連のような総評のなかで右寄りと言われた組合も六〇年安保には熱心に取り組み、私たちは国会を取り囲むデモに連日参加しました」と書き直しました（『時代の証言』四五頁）。ただ、『私の戦後六〇年』（二〇〇五年）では興味ある一場面が思い出されています。新左翼の全学連に触れたところで「六月のある夜、私は、国会周辺で一つの異様な経験をしました。……いかにもヤクザ風の〝兄さん〟がつかつかと寄ってきて、『ブントの先生ですか』と声をかけてきたのです」（六九頁）。「ブント」というのは、新左翼党派の一つである「共産主義者同盟」のことです。戦前に共産党から転向した「右翼」の田中清玄が「ブント」に資金提供していたことは、六〇年安保闘争の裏面史の一部です。

鉄鋼労連の時代について補足すると、「鉄鋼労連に勤めていた時期」に「父に代わって上野や本郷にある何軒もの旅館に『海苔びん』の配達、集金をやってくれました」（『道ひとすじ』一三三頁）。七加子さんの実家が海苔屋をしていたからです。また、不破氏は、推理小説を乱読したと、水上勉との対談で話を合わせています。貸本屋で借りて、松本清張や「早川書房のポケット・ミステリ・ブックで、欧米の作家では……目につくあらゆる作家の作品を片端から読んだ」（九四頁）といいます。不破氏は、水上と清張とについて、同じ社会派でも人物と事件の描き方が異なると見分けています。

後年、不破氏は、一九八六年に『経営での活動と党建設』という三六〇頁の著作を刊行しています（「経営」というのは、共産党用語で「地区」に対応する職場、会社の意味です）。労働組合がテーマですから、自身の労働組合書記としての活動と重なることもあるはずですから、体験的エピソードなどに触れて当然だと思いますが、まったく語りません。実に不思議というか、不自然です。不破氏の興味は、現場での経験・体験ではなく、抽象的な理論活動に向かっていて、マルクスやレーニンの章句の紹介と解説にだけ傾いていたようです。

また、この時期、結婚六年目の五九年に娘が生まれました（子どもは一人だけです）。娘の名前・千加子は、七加子さんと彼女の母親の千代に由来しています（『道ひとすじ』一三三頁）。

党中央の専従として頭角を現す

不破氏は、一九六一年の年末頃「『党中央に政治研究室をつくる。非常勤でいいから部員にならないか』共産党から、私と兄の上田耕一郎にこう声がかかりました」と振り返っています（『時代の証言』四六頁）。さらに、「六四年に入って、今度は『政策委員会をつくるから、党本部に移って仕事をしないか』と誘われ、三月に党専従、職業革命家としての生活を始めたのです。……最初の時期の常勤者は私と上田の二人だけでした」（同、四七頁）。

政策委員会の責任者は宮本顕治で、二人は「緊密な関係で仕事をすることになります」。不破氏は「赤旗」の「主張」も書くようになりました。「どんな論文でも、一番熱心に読んで意見を言ってくれるのは宮本さんでした」（同、四九頁）。不破氏は、昨年の「理論活動教室」では、「最初の仕事は、旧ソ連共産党との論争ばかりでした」と語っています（「赤旗」二〇一四年一〇月一六日）。『一滴の力水』では「最初は、ソ連や中国との論争論文を書くのが最大の仕事でした」（一二九頁）と語り、『時代の証言』では「最初の大きな仕事となったのは、当時のソ連との論争でした」（五五頁）と書いています。

なお、ここで、不破氏は、「私は字が汚いのでそのままでは印刷に回せず、どんな論文でも家で妻に清書してもらっていた」という裏話を披露しています（四八頁）。そのため、「八六年ごろからワープロを使うようになりました」(『道ひとすじ』一九〇頁)。

日本共産党とソ連邦共産党との論争・対立の経過をごく簡単に説明したほうがよいでしょう。一九六二年一〇月にソ連邦がキューバに核ミサイルを持ち込もうとした「キューバ事件」が起き、翌六三年八月五日には逆に米英ソ三カ国による部分的核実験禁止条約(部分核停条約)が結ばれました。自らも核武装したい中国共産党は核実験の準備をしていたので、部分核停条約は中国を封じ込める策謀だとして「米ソ協調」路線だと批判しました。その直後に開催された第九回原水爆禁止世界大会で分裂が表面化しました。中国共産党に近かった日本共産党は部分核停条約に反対しましたが、ソ連邦共産党に近かった社会党と総評は、部分核停条約を支持すると表明して大会から離脱しました。

一九五四年三月に太平洋のビキニ環礁でアメリカが水爆実験を行い漁船が被爆したことをきっかけにして原水爆禁止の平和運動が国民的規模で展開されるようになり、毎年八月に原水爆禁止世界大会を開催していました。

日本共産党は、一九六四年三月に無署名論文「ケネディとアメリカ帝国主義」を「アカハタ」に掲載して、アメリカ帝国主義への批判を強調しました。この論文は、「一 アメリカ美化の大合唱」「五 米ソ『緊張緩和』と『中国封じ込め』政策」という組み立て方にも示されているように、ケネディ大統領による「中国封じ込め」を「アメリカ帝国主義の各個撃破政策」として強く批判しました。対米協調路線を進めるフルシチョフのソ連邦共産党への批判でもありました(三月一〇日)。

日ソ両党は、同年三月二日から一一日にモスクワで会談を行いましたが、対立は解けることなく、逆にソ連邦共産党は、袴田里見幹部会員を団長とする代表団が帰国する前の四月一八日に日本共産党を強く批判する「ソ連共産党中央委員会の書簡」を日本共産党に送付しました。ソ連邦共産党は、日本共産党を分裂させる工作に着手し、六四年「五月、国会で『ソ連派』（「日本の声」派）が反日本共産党の立場を明確にして旗揚げしました」（『時代の証言』五九頁）。衆議院議員の志賀義雄と参議院議員の鈴木市蔵が、党の方針に反して部分核停条約の批准案に賛成の態度を表明したのです。五月二一日、「日本共産党は、療養先の中国・海南島から急遽帰国した宮本顕治書記長も出席して中央委員会を開き、二人を除名しました」（同）。こうして、日ソの共産党は論争・対立を拡大していったのです。

当時の日本共産党が中国共産党に近かったことは歴然です。党のトップが海南島を療養先にしていたことでも分かります。もっと明白な事実があります。中国は、六四年一〇月一六日に初めての核実験を行いました。その約一カ月後に、日本共産党は第九回党大会を開きますが、そこでは「中国が余儀なくされた核実験の基本的意義は、アメリカによる核戦争の危険をともなうアジアの侵略計画を打破するためのものであることを、あいまいにすべきではない」と確認しました（大会報告、二九頁）。中国核実験の翌日には、宮本は記者会見して「中国の核実験にかんする声明」を発表しました。この声明発表の事実は、『宮本顕治の半世紀譜』には記載されています（一八二頁）が、『日本共産党の七十年』などでは抹殺されています（「党史年表」一八二頁）。宮本が前日に「フルシチョフ解任」について発言したことは記載されています。なお、不破氏は、中国核実験には絶対に触りません。中国核実験を〝支持〟した事実を隠したいからです。

さらに、中国共産党は、六五年一一月には「反米反ソ統一戦線」を主張するようになりました。日本共産党は六四年八月に前記のソ連邦共産党の書簡への「返書」をソ連邦共産党に送りますが、それを執筆する際に、不破氏は大いに能力を発揮したようです。不破氏は、「一二万字」に及ぶ長大な「返書」が「コピー機すらない時代」に、「まさに徹夜の連続でした」とその並大抵ではない苦労を振り返っています（『時代の証言』六〇頁）。この「返書」のタイトルは「ソ連共産党中央委員会の書簡にたいする日本共産党中央委員会の返書」という長いもので、一九七五年に『日本共産党のソ連共産党への反論』として他の二つの論文も収録されて刊行されました。「解題」を聴濤弘氏が書いています。「ケネディとアメリカ帝国主義」も別の論文と合わせて『日本共産党のアメリカ帝国主義論』として刊行され、よく読まれていました。

やがて、六四年一一月開催予定の第九回党大会の「報告案づくり」が仕事になり（同、四九頁）、この大会で、不破氏は上田とともに中央委員候補に選出され、中央機関紙〈アカハタ〉編集委員になりました。

ベトナム、中国、北朝鮮を訪問

一九六六年二月から四月に、不破氏は、宮本を団長とする七人の党代表の一員として、ベトナム、中国、北朝鮮を訪問しました。初めての外国旅行です。その一〇月の第一〇回党大会で中央委員に選出されました。六八年八月にも北朝鮮を訪問しました。

三カ国訪問の代表団は九人です。宮本と不破氏の他には、岡正芳、蔵原惟人や上田耕一郎らが加わっていました〔不破氏はその名を一人も上げていません〕。「今と違って、その二ヵ月間は三国のどこからも日本とは電話連絡ができず、いざというときにも電報しか伝達手段がありません」。まず、二カ月間の行路だけ、ピックアップします。「中国船で日本を出発したのが、二月九日です」。「二月一〇日に上海に到着」し、「次に広州に移り、……ベトナムの首都ハノイに到着したのは、二月一七日でした」。「北ベトナムの〔労働〕党指導部との会談は五日間続き」、「北京に移り、三月三日から延べ四日間、中国共産党と会談をおこないました」。「北京での会談終了後、私たちは、空路、第三の訪問国・北朝鮮に向かいました」。「三月二一日、私たちは荷物を引き取って帰国するつもりで北京空港に戻りました。ところが、そこで思わぬ展開が待っていました」。結論を先に言うと、中国共産党と対立・決裂し、「広州に数日滞在し」、四月四日に帰国しました。

最初の北ベトナムの党との会談は非常に友好的で、「会談の途中、『ホ・チ・ミン・サンダル』姿で予告なしに入ってきた」ホ・チ・ミン主席は、拳をしっかり握る団結こそが必要だとゼスチャー混じりで語り掛けてきました。五三年のジュネーブ協定の締結の際に、ソ連邦と中国から味わった苦い経験〔彼らの意向に反する、ベトナムの南北分断〕も率直に伝えられました〔以上、六三〜六八頁〕。

第三の訪問国、北朝鮮では「金日成〔労働〕党委員長との会談で国際統一戦線問題で合意し、共同声明も発表することができました」。

問題は、中国共産党との関係です。三月三日からの会談では、「代表は劉少奇党副主席で、鄧小平党総書記も討論に加わりました。会談では、ソ連を含む国際統一戦線問題では一致しませんでした。……議論は最後まで平行線でした。四日目に、『お互いの意見は分かった。論点の是非は歴史の判定を待とう』と穏やかな確認で会談を終わりました」。ところが、前記のように再び北京に戻った後に急転回するのです。中国側から「共同コミュニケの作成と歓迎集会の開催」をしようと提案があり、「一致する範囲内でコミュニケをつくり、周恩来〔党副主席・首相〕との会談で公式に確認しました。……二七日の夜に開かれたレセプションでは周恩来は、共同コミュニケ……を祝って乾杯の音頭をとりました」。共同コミュニケの発表の時期については、毛沢東との会見の後にしようというので、翌日、上海に行きました。ここで、異様な展開となります。「毛沢東は会談で、コミュニケを『軟弱だ』と否定した上、『北京の連中も軟弱だ』と自身の党指導部を非難するのです。……『修正案』なるものを持ち出してきて、日本側の解答を求めました」。「翌日、修正案を正式に拒否する旨伝えると、毛沢東の態度も表情も激変しました。『コミュニケも自分との会談もなかったことにしよう』、これが最後の言葉でした」。こうして、両党は決裂したのです。以後、中国共産党は「日本の党も……中国式の武装闘争路線に立つべきだ、これこそレーニンの教えであって、それをやらない日本共産党は反革命に堕落した党だという攻撃に移ってきました」。

毛沢東との「会談は文化大革命の嵐が起こる時点に当たりました」（以上、七〇～七四頁）。その同じ日に、毛沢東は文化大革命の号令を発したのです。

この日中共産党の決裂という大事件の渦中の真っただ中で、不破氏は、宮本の隣でほとんどの過程を実体験したのでした（『宮本顕治の半世紀譜』では毛沢東との会談には、不破氏や上田は出席していません。二〇三頁）。不破氏は、「宮本団長の表情には複雑な思いが浮かんでいました」（『時代の証言』七四頁）と書いています。二〇〇七年に宮本が亡くなった時の「告別の挨拶」では、「夕暮れのなか、宿舎の庭の一角にじっと座り込んだ宮本さんが、沈痛な面持ちで熟慮にふけっていた情景」を思いだしています（『歴史から学ぶ――日本共産党史を中心に』八二頁）。この問題では、明らかに正しさは日本共産党にありました。ただ、どういう訳か、不破氏は、中国核実験にも中国共産党の「反米反ソ統一戦線」という主張にも一言も触れません。

また、この三国訪問の準備過程で、不破氏は大いに貢献したようです。不破氏はこんな風に舞台裏を明かしています。「私は、出発前に、戦争と平和の問題、統一戦線の問題など、予想される論点についてのレーニンの文章を可能な限り抜き出したテーマ別の小冊子をつくりました。……レーニン全集を出版している大月書店に出かけて、屋根裏に積まれた落丁本の山の中から全巻を探し出して譲り受け、必要な部分を抜き取ってつくったものでした。これを船の中でもみんなで回覧して読み合ったものです」（『時代の証言』六五頁）。不破氏の能力が最大限発揮されたのでしょう。

この中国共産党との決裂の一つの決着として、六七年四月二九日に共産党は「極左日和見主義者の中傷と挑発」と題する無署名論文を「赤旗」に発表しました。無署名ですから、執筆者は明示されていませんが、不破氏も岡正芳に協力したと言われています。不破氏は『日本共産党史を語る』で、前記の三国訪問前の裏話を披露するとともに、この論文製作過程でも、彼によると「『議会の多数を得ての革命』という路線が、マルクスにとって革命の大道の一つであったことを論証する上で、要をなす地位を占めるものでした」(下、一〇〇頁)と大仰に評価される、マルクスの一八七八年の一文を苦労して入手したと自慢しています。しかし、「議会の多数を得ての革命」なるものが、マルクスにとってそれほど重要なものであるとするなら、なぜ、それ以降に幾たびも刊行されていた『共産党宣言』の各国語版の「序文」などにそのことが反映されていないのかと、考えただけで、不破氏の解釈の牽強付会な強引さが露わです。不破氏は「私たちは以前からこの研究には手をつけていて」(同、九九頁)などと書いていますが、いつから、誰のどの論文でかを明らかにしなくてはなりません。

不破氏は、この四・二九論文を「武装闘争こそ唯一の革命路線だとする主張を正面から論破する論文」と形容していますが、そこでは年来の「敵の出方」論——敵の出方によっては革命の側も武装して闘争する場合もあるという考え方——を主張していました。なお、今では、「敵の出方」論は死語になっていますが、不破氏は二〇〇〇年にも超大作『レーニンと「資本論」』で「敵の出方」論を正しいと書いていました(第5巻、四二三頁。村岡『不破哲三との対話』一六九頁)。今では、そうは主張していません。

この「ソ連および中国という二つの大国の政権党による乱暴な干渉攻撃との闘争」は、「文字通り党の存亡をかけた戦いでした。……私たちの党を鍛えた戦いでした」(『時代の証言』七七頁)と、不破氏は結論しています。「闘い」ではなく、「戦い」と二度も書くところに実感がこもっています。

衆議院選挙に立候補、当選

六八年の二度目の北朝鮮訪問の際に、不破氏は宮本から参議院選挙に立候補するように言われました。先の話と思っていたら、六九年一二月に衆議院選挙となり、東京六区（江東、墨田、荒川の三つの区）から立候補し、当選しました（共産党の当選者は一四人）。この総選挙での躍進は、七〇年代の躍進につながることになります。不破氏は、これ以後、二〇〇三年二月に議員を引退するまで一一期・三三年余勤続しました。

この選挙について、不破氏は、「一番苦労したのは演説でした」（同、八九頁）とか、「支持者のなかにも、自民党陣営から移ってきた方がたくさんいました」、「地域の後援会の熱心な幹部」には「背中を見ると一面に鮮やかな刺青」（同、九四頁）の人もいましたと書いています。七加子さんの回想では、当選の日は忙しく、「屋台のラーメンが、初当選祝いのささやかな晩餐となった」（一六二頁）ということです。

衆議院議員となった不破氏は、翌七〇年の第一一回党大会で新設された書記局長に弱冠四〇歳で抜擢されました（八二年の第一六回党大会で委員長に、二〇〇〇年の第二二回党大会で議長に就任しました）。この人事の内幕について、不破氏は『時代の証言』で明らかにしていますが、大会「最終日に、私の名前が発表されたとき、会場からワァーと驚きの声が上がりました」（九八頁）。七加子さんも家でテレビのチャンネルを回しながら、「いきなり目の前に不破の顔が出てき」(『道ひとすじ』一六五頁)てビックリしたということです。

一九七一年七月の参議院選挙では、「朝日新聞」は不破氏の全国遊説を「『殺人ダイヤ』と紹介」し「二三日間に一八都府県を回るという」と報道しました。「書記局長になって次の党大会までの三年間に、不破は全国四七都道府県を一周し……それどころか二周目もそろそろまわり終えようかという勢いでした」(同、一七〇頁)。

不破氏は、六九年の当選直後、国会で佐藤栄作首相と鋭い論戦を展開しました。佐藤首相については、「答弁を全部自分で引き受け……気迫が感じられ、それなりに感心しました」(『時代の証言』一〇四頁)と評価しています。いらい合計一八人の首相を相手に代表質問三二回、予算委員会の総括質問一九回を数えています。選挙のたびに躍進し「倍々ゲーム」と言われた党勢の成長期・七〇年代には「共産党のプリンス」として脚光を浴びました。

このように不破氏は、第八回党大会が開かれた六一年いらい上田とともに宮本顕治のもとに結集してから、つまずくことなく一貫して宮本を支える理論的柱として活動してきました。八〇年代の或る時、安東仁兵衛は私に、「不破は宮本の〝ご祐筆〟になったのだ」と皮肉交じりに話したことがありました。逆に言えば、宮本が不動のトップとして一貫して共産党を主導してきたのです。常任幹部会員で参議院議員でもあった吉岡吉典が亡くなる少し前に私に、「世間では上田や不破がもっとも進んでいると思っているが、もっとも先に立っていたのは宮本で、二人は宮本の枠の中で書いていただけだ」と教えてくれました。

この長い期間にわたって不破氏は一度だけ、活動を休止した時期がありました。後述のように、青根に山荘を建てた翌年八七年四月に、心筋梗塞で入院し自宅で静養しました。七加子さんによれば、登山の効果による身体の健強を基礎に風船療法で克服しました。「あまりに治療結果がよかったので、専門医学誌の表紙に不破の『心臓』の写真が掲載されたのには驚きました」（一九九頁。そのことにも機縁して水上勉と「心友」になったことは後で紹介します）。村上弘副委員長が委員長代行を務め、一一月の第一八回党大会では村上氏が委員長になり、不破氏は副議長になりましたが、八九年六月の中央委員会総会で再び委員長に復帰し、九〇年の第一九回党大会で再び委員長になりました。

宮本顕治議長に引導を渡す

一九六四年に党の常任活動家になっていらい半世紀に及ぶ活動のなかで大きな節目になったのは、六九年末の衆議院議員当選の次には、一九九七年の宮本顕治議長の引退だと思われます。

宮本は、一九九四年の第二〇回党大会ではすでに八五歳になり病気で大会を欠席しましたが、大会での中央委員の推薦名簿の提出にあたってわざわざ「余人をもって代えがたき同志」（大会報告、一八一頁）と説明され、議長には選出されました。次の九七年の第二一回党大会で宮本は現職を引いて名誉議長となりました。宮本に引導を渡したのは不破氏です。この経過を不破氏は『時代の証言』で「議長引退とその後」と節を立てて明らかにしています。

「一九九七年の夏、私は東京郊外の宮本顕治議長の自宅に何度も足を運びました。九月に予定していた第二一回党大会を前に、宮本さんの進退について二人だけで話し合うためでした。宮本さんは九四年の第二〇回党大会前に脳梗塞で倒れ、大会に出席できませんでした。……九七年になると、党中央委員会総会に出席する際、車椅子を使わざるを得なくなりました。声を出すのも難しく、見ていてもつらい状態になったのです」（一七六頁）。

「結論が出るまで時間がかかりました。宮本さんが『分かった』と言われたのは、九月に入って間もない時期です」（一七七頁）。

「最初に問題提起をし」たのは「五月」だということですから、四カ月も掛かったことになります。「立場上、私しか切り出せる者はいませんでした」と不破氏は説明していますが、いくら「宮本さんのように、戦前の党と戦後の党のつながりを体現した人は得がたいのです」（一七九頁）といっても、年齢（八八歳）と体調を考慮すれば、現役引退は当然であり、これではまるで宮本が党を独裁しているようなものです（宮本は、二〇〇七年七月、九八歳で死去しました）。

ともかく、こうして、九七年の第二一回党大会で宮本議長は引退し、議長は空席のまま不破氏が委員長となり、宮本から「解放」されて名実ともに共産党のトップに立ちました。

翌年七月の参議院選挙で、共産党は改選六議席でしたが一五議席を獲得する大躍進を実現しました。野党政権が話題となる政治情勢のなかで、不破氏は緊急記者会見で「安保条約凍結」というまったく新しい提案を発表し、翌月にそれを中央委員会総会で党の決定として確定しました。このことについては、すでに第Ⅲ章で明らかにしましたが、この大胆な提案は、政治情勢の変化のなかでいつの間にか忘れ去られてしまいました。別に言えば、宮本に取って代わって、日本政治の現実に肉薄する大胆な提案をしたにもかかわらず、この新提案を貫くことが出来なかったのです。このいわば「挫折」は恐らく不破氏にとって大きな打撃になったと思われます。それ以後、不破氏は日本政治の現実に肉薄する試みをしなくなりました。

不破氏は、九七年一〇月から雑誌『経済』で「レーニンと『資本論』」なるタイトルで連載を開始し、連載は三年七カ月の長期に及び、一九九八年から二〇〇一年に全七巻の大冊として刊行されました。二〇〇〇年の正月に不破氏は、「赤旗」で「レーニンはどこで道を踏み誤ったのか」とまで主張しました。びっくりした週刊誌『アエラ』が不破氏へのインタビューの形をとり「不破氏の今どきレーニン批判」なる記事を書き、その最後で「レーニン批判は、宮本顕治名誉議長にも報告したのですか」と質問したら、不破氏はにべもなく「もう引いた人ですから」と吐き捨てるかのように答えました（二〇〇〇年一月三一日号）。

この間に不破氏は、一九九九年に井上ひさし氏との対談『新日本共産党宣言』を大手出版社の光文社から出しました。それまでは、不破氏の著作は後述の山登りの二冊の本は別にして新日本出版社か大月書店からの出版に限られていましたので異例でした。翌年には水上勉との対談『一滴の力水』を同じ光文社から、二〇〇二年には小学館から『歴史教科書と日本の戦争』を出しました。

二〇〇〇年の第二二回党大会で不破氏は議長となりました（名誉議長は廃止され、宮本も名誉役員として横並びとなりました）。委員長には二四歳年下で四六歳の志位和夫氏が就きました。次に挑戦したのは、党の綱領の全面的改訂です。これは二〇〇四年の第二三回党大会で実現しました。二〇〇六年の第二四回党大会で不破氏は議長を退任しましたが、二〇一四年の第二六回党大会でも常任幹部会員に留まっています。この大会の時点では八三歳で、一五三人の中央委員で最高齢です。八〇歳を越える中央委員は八一歳の浜野忠夫氏（常任幹部会員）だけです。

不破氏は、〇六年に議長を引退した後も健筆をふるっています。前年には新潮社から『私の戦後六〇年』を、〇九年には平凡社から『マルクスは生きている』を刊行しました。

二〇一〇年一一月に「読売新聞」の「時代の証言者」に長期連載し、後に大幅に書き加えられて『不破哲三　時代の証言』として、読売新聞に近い中央公論新社から刊行されました。「ブルジョア・マスコミ」の右派であるはずの「読売新聞」に登場したのは、恐らく会長の渡辺恒雄氏が五〇年代の東大時代に共産党員で繋がりがあったからでしょう。

二〇一三年二月からは「スターリン秘史」の連載を『前衛』で開始し、一五年七月まで続き、二〇一四年一一月から全六巻の刊行が始まりました。この連載と並行して、『古典教室』全三巻なども出されています。つい最近は『マルクス「資本論」発掘・追跡・探究』を著しました。

これらの膨大な理論的成果については、次の第Ⅴ章で取り上げます。

常任幹部会の会議の様子などを外から知ることは出来ないのですが、第Ⅲ章で参照した、筆坂秀世氏が『日本共産党』でその様子を明らかにしています。二〇〇二年頃の話ですが、「志位氏が議題のまとめをするたびに、不破氏が『僕は違うな』といってひっくり返すのである。当然、結論も不破氏の意見に落ち着いていく。居並ぶ常任幹部会委員の前で、『君はまだまだだな』といわれているに等しいわけだから、これは志位氏にとってつらかったと思う。これが週一回の会議のたびにごとに繰り返されるのである。……私は不破氏の一連の振る舞いに非常に嫌悪を感じた。『……議長、委員長の関係なのだから、事前に相談だってすればよいではないか』と思ったものである」（一〇〇頁）と、志位氏に同情気味に暴露しています。この筆坂著作に対しては、前記のように不破氏は直ちに、「筆坂秀世氏の本を読んで」を「赤旗」に発表し（二〇〇六四月一九日）、宮本議長の退任問題についての筆坂氏の記述が世に言う「ガセネタ」に過ぎないと批判しましたが、会議での振る舞いについては反論しませんでした。

筆坂氏は、「私が罷免された時、メディアは私のことを『党のナンバー4』と書いたが、共産党にはナンバー1しかいなかったのである」（一〇二頁）と書いています。「ナンバー4」というのは、不破氏、上田、志位氏に次ぐという意味です。筆坂氏は、常任幹部会員（二〇人）で政策委員会責任者でした。

筆坂氏も、「常任幹部会委員になった頃は、会議のたびに不破氏から叱責された。……〔六歳下の〕志位氏も心配して、『筆ちゃん、大丈夫？　どうして不破さんは筆ちゃんにあんなに怒るのかな』と慰めてくれたこともある」（一〇一頁）。家庭での「愛妻家」（後述）が会社の部下には怒鳴り散らす例はいくらでもあります。

家庭生活の様子

その政治活動ゆえに、不破氏の足跡を追ってきたのですが、学生時代の終わりに結婚したことに触れたように、不破氏にも家庭での生活があります。その様子に目を転じましょう。

不破家の住居

七加子さんの回想では、不破夫婦の住居についても紹介しています。

一九五三年に結婚した頃のことは、前に触れました。「当初は、私の実家で父が書斎に使っていた四畳半を拝借しました。その後はアパートや間借りの安い部屋を求めて中野区、目黒区、杉並区を転々としました。『一畳千円』と言われた当時の相場程度のところばかりです」（『時代の証言』三六頁）。長女が誕生した後、六〇年二月（『時代の証言』三八頁では「一月」）に「運よく抽選に当たり」（『道ひとすじ』一二四頁）、当時新しく造成され流行だした団地――多摩地域のひばりが丘団地に引っ越しました。２ＤＫでした。「当時は日本住宅公団が造成した最大の公団団地でした」（同、一三五頁）。「体が壁や家具にくっつかない状態で寝られるというのは本当に久しぶり……うれしくて何回も部屋の中を歩きまわりました」（同、一三六頁）。

六九年三月には、選挙に立候補するために、「墨田区押上に引っ越します」。「墨田区押上は海抜ゼロメートル地帯の、典型的な下町です。当時の東京都でいちばんの住宅密集地帯といわれていたところでした。……とりあえず借家に入りました。二階建てで各階に二間ずつある、木造モルタル造りの一軒家です。……お風呂もついていません。……夜にトイレに行こうとすると、部屋の隅でばったりネズミと出会ったりして、ネズミも驚きますが、私も驚きました」と、七加子さんがユーモラスに回想しています（同、一五五頁）。

「七九年には、住居も押上から〔墨田区〕向島にある共産党の寮に移りました。……隅田川の言問橋の近くで、家の前には三囲神社という、江戸時代から続く有名な神社がありました」（同、一八七頁）。「不破の選挙区は、戦争中一九四五年三月一〇日の大空襲で大被害を受けた地帯です。……関東大震災のときに殺された朝鮮の人たちの慰霊碑もあり、戦争や朝鮮に対する植民地支配の傷跡が各所に刻まれていました」（同、一七三頁）。「下町」の「陽気でたくましい面ばかりでは」なく、過酷な歴史にも目を配っています。

次に、現在まで住んでいる青根の山荘について紹介しましょう。七加子さんによれば、「丹沢山塊の最高峰『蛭ケ岳』への登山口にあたる相模原市の青根に土地を取得したのは一九八六年でした。……家屋は借金をして建てました。丸太の山小屋風」です（同、二二九頁）。「青根の家の別棟は一階が書庫、二階が土人形を中心とした郷土玩具などの民芸品を並べた展示室になっています。数は土人形だけで七〇〇体ほどあるでしょうか」（同、二二二頁）。不破氏は、「山荘ができたのが、一九八六年の一二月だったんです」（『一滴の力水』一九〇頁）と語っています。また、別棟は一九九二年六月に完成したと水上勉への手紙に書いています（『同じ世代を生きて』四〇頁）。

七加子さんによれば、「この地にやってきてから、早くも四半世紀が経ちました。庭には紅葉、合歓、欅、ひめしゃらなど、さまざまな樹木が自生して、切っても切ってもどんどん生えて林のようになってきます。ときどき玄関にはアナグマがやってきますし、鹿、猪、ムササビ、キジ、リス、蛇……動物も鳥も、自分の家のように自由に敷地の中を往来します」（二三〇頁）。まことに優雅というほかありません。日本の労働者の平均的生活水準とはかなり隔絶しています。

不破氏は、一九九四年に「これまで、東京・墨田と神奈川・青根の山荘と、二またかけての暮らしをしてきました」（『同じ世代を生きて』六九頁）と、水上勉宛ての手紙で書いています。

前にも触れたように、青根の山荘の「リビング」には「郷土人形の数々」が陳列されていて、そこには「軍服姿の明治天皇の人形が飾ってある」と、井上ひさしが「一瞬息をのみました」と語っています（『新日本共産党宣言』一九頁）。このことは、井上との対談の最初の見出しに「不破コレクションに明治天皇の人形」として特筆されています。「コレクションの特等席」に置かれていて、井上は「びっくりしてしまったのでした。しかし不破氏は淡々と『古いものが好きなんです』」と応じました（同、二〇頁）。この応答は、不破氏と井上の対談のために、不破氏の希望によって、井上が青根山荘に招かれた時のものです。「不破さんが何気なく、『その奥が明治天皇ですよ』と指をさし」たというのですから、井上は「不破さんが……とりわけ明治天皇の人形を見てもらいたと考えられたからではないか」

（同）と推測しています。一〇〇頁近く先で、不破氏は「推理をめぐらすほど深い意味があるわけではありません」（一一五頁）として、明治天皇人形の入手の経緯を説明していますが、第Ⅲ章のＱ３で明らかにした天皇についての評価と深いつながりがあるように考えられます。（別のところでは、前記のように別棟は一九九二年に完成と書いてありますから、人形は別棟にもリビングにもあるのかもしれません）。

長女千加子さんについて

一九五九年に長女が誕生したことは前に触れましたが、不破氏も七加子さんも娘について語ることは少ないようですが、いくつか紹介しましょう。

長女千加子さんが生まれて間もない頃、不破氏は旅先から七加子さんにこんな手紙を送っていました。「千加子が二、三歩も歩きだしたってネ。ともかくビッグ・ニュースだ。一七日の誕生日にはアンヨができました、というわけだネ。千加子、万歳。実際、『親父』となると妙なもので、この頃は、旅先でも、女の子や御婦人方が気になるよりも、どこへ行っても赤ン坊連ればかりが目について、何かにつけて千加子のことを思いだすから、不思議だ。三〇すぎて、やっぱり人の親になったナアと、つくづく考える」（『道ひとすじ』一三七頁）。

不破氏が衆議院選挙に最初に立候補した時には、七加子さんとともに小学校四年生の千加子さんも協力しました。不破氏は、自分を「紹介するリーフ〔レット〕」「で一番評判になったのは、父親の素顔を紹介した娘の次の一文でした」として、紹介しています。「うちのおとうさんは、勉強家です」で始まる三〇〇字ほどの文章は「おとうさんは、家にいる時はいつもじょうだんばかりをいっては、私たちをわらわせます。私は、こんなおとうさんが大すきです」と結ばれていました（『時代の証言』九二頁）。もっと大きくなってからは、九三年の衆議院選挙で母とともに選挙事務所前で応援しています（同、一六五頁に写真）。

七加子さんは、「夫も娘も大の手塚〔治虫〕ファンでしたから、商店街の書店で全集を定期購入していたのです」（一七二頁）と書いています。七〇年代のことらしいです。

千加子さんがいつ結婚したのかは不明ですが、山登りのところで「娘夫婦」が何回も同行したことがあると書いてあります。

山登りが趣味

不破氏が山登りを趣味としていることは良く知られています。

不破氏は、井上との対談の「終章」で「私は日本が好きです」という、偏屈な左翼にとってはいささか感情が逆なでされる小見出しを立てて、語り始めます。

「私は、日本の自然が好きで、山にもよく登ります。五三歳ではじめて登山靴を買い、五八歳から南アルプスに通い始めたという、中高年登山の見本のような登山ぶりですから、……それでも年に一回、夏のお盆休みだけの南アルプス通いで、一〇年間にこの山脈の三〇〇〇メートル峰一三座はともかく踏破しました」（三〇三頁）。

七加子さんも、一九八七年の四月に統一地方選挙のさなかに突発した、不破氏の心筋梗塞ともからめて書いていています。

「おそらく山歩きで心肺を鍛えていたおかげで」心筋梗塞は早期に治癒しました。「不破が本格的に山登りをはじめたのは、この治療の後のことです。……夫はたいてい八月のお盆休みには、娘夫婦や出版社の『山と渓谷社』の人たちと一緒に山登りを楽しんでいました。……山に関する体験を『回想の山道』『私の南アルプス』（ともに山と渓谷社）という二冊の本にまとめました。そうやって一〇年ほど山に親しみ、七〇歳の夏、南アルプス山行を最後に、体力を考えて、高い山に登るのは止めました」（二〇〇頁）。

「もっとも愛着の深い本」と「あとがき」に記されている『回想の山道』、『私の南アルプス』に、数葉のカラー写真入りで楽しげに登山記がまとめられています。

丹沢の山荘の近隣の人たちとの心の通ったつきあいなど、人間不破の人柄を窺い知ることができます。また、ある時は、「やぶこぎ（藪漕ぎ）でけものみちに迷い込んで」、山荘の近くの人たちが救出に来ることになったこともあります。「暗闇のなかでは頭を使うほかにすることがなく、国際問題で予定していた論文の構想をあれこれと考え、翌日から論文の執筆にとりかかれた」（『回想の山道』四七頁）。不破氏ならではのありそうなエピソードです。

この山登りは望外の機縁ともなりました。作家の水上勉との交流が生み出されたのです。経過は、七加子さんの回想だけではなく、いくつかのところで紹介されています。一九八九年に水上が北京で心臓発作を起こして、帰国後に入院したときに、毎日新聞の記者から不破氏と娘さんが奥秩父・国師ケ岳山頂でツーショットで撮った笑顔の写真を見せられ、心臓病になっても回復して元気に登山している例があると教えられ、水上は、不破氏にそれまで何の縁もないのに連絡してきたのです。それから、水上と不破夫婦との交流が深まり、互いに「心友」と言い合うことになりました。二人は、二〇〇〇年に『一滴の力水』と題する対談を出版しました。二〇〇四年に水上が亡くなった時、不破氏は「赤旗」に弔辞を発表しました。『一滴の力水』を思いだして「年齢的には一一歳の違いがある」が、「歴史のどの時期にも重なりあう感慨があった」と追悼しました（『同じ時代を生きて』一二三頁）。そして、二〇〇七年には『同じ時代を生きて』と題する往復書簡を刊行しました（前記の写真は、この本の一二頁と『一滴』一二三頁に掲載）。「一五年の交流」の詳細は、これらの著作を読むことを薦めますが、まさに「心友」と評するに値する稀有の記録です。この著作には水上の故ある子息・窪島誠一郎氏（長野の無言館館主）が「地下茎でむすばれる、ということ――父と不破さんの『心友録』」という一文を寄稿しています。

不破氏を支える妻七加子さん

不破氏の妻七加子さんについても一言ふれておくほうが良いでしょう。とは言っても、「赤旗」にすらほとんど登場しないので、彼女が二〇一二年に著した回想録『道ひとすじ――不破哲三とともに』（中央公論新社）を素材にしての紹介です（中央公論新社からはその直前に『不破哲三　時代の証言』が刊行されていました）。この著作は、前年の『婦人公論』の連載に加筆したものです。一言でいうと、実にさわやかな印象を呼び起こします。

結婚前の姓は後町です。不破氏よりも一年上で一九二九年に長野県諏訪で生まれました。家は農家です。子どものころに家族は上京して下町の台東区で海苔屋を始めました。男勝りの活発な少女でした。四五年三月の東京大空襲に遭った後、諏訪に戻りますが、翌年の春、「一家揃って東京に戻」（四八頁）り、「都立第三高等女学校（都立駒場高校の前身）」に入学します。共産党には四八年七月に入党し、東京南部地区委員会などで活動します。不破氏との出会いのところですでに触れました。

印象に強く残るところだけをピックアップしましょう。

七加子さんは、一九五一年頃に或る労働組合に出かけて行った時に、当時は高価で珍しかった「丼物」を昼食に出され、周りの労働者は食べないと知って、「分けて一緒に食べましょうよ」（同、九二頁）と話しかけたのです。それでその人たちの信用を得たというのです。

二つ目は、一九六九年の最初の選挙の時の、地元の商店街の「瀬戸物屋さんのお婆さん」の話です。「の」が八つも続きましたが、このお婆さんは「大の共産党嫌い」でしたが、やがて選挙の時に「店の前まで出てきて」励ましてくれたのです。七加子さんは「いまも使っているそのお店で買った皿などを見ると、昨日のことのように思いだされます」（同、一五八頁）と懐かしんでいます。

もう一つ。一九七三年に茶道の千宗室氏と不破氏との対談の時に、七加子さんも同席したのですが、宗室氏から「千利休が考えたお茶室には『にじり口』があります。そこを通るときには武士も刀を置いて身をかがめないと入れない。つまり『茶室に入ったら、人間すべて平等』という思想があるのだと」と教えられました。宗室氏は「そこが共産党と共通しているとおっしゃって、『なるほど』と思ったものでした」（同、一八一頁）と振り返っています。私は茶道などとは何の縁もなく、千利休の名を知っているくらいですが、茶道と〈平等〉に接点があったことを学びました。七加子さんは、学生時代の回想でも「平等」に触れています。「若かった私は、人間はすべて平等なはずだと、考えているところがありました」（同、五八頁）。「自由」よりも「平等」が多く語られるのも好感を高めます。

また、七加子さんは一九五〇年代に、「『党に入りたい』と言った母を止めてしまった」（同、六八頁）ことを悔やんでいます。五〇年分裂の時期だったので「もう少し経てば団結してまとまるから」と止めたのでした。お母さんは五八年に亡くなりました。

七加子さんは、墨田区押上の時期には、不破氏の選挙応援をしたり、近所に「赤旗・日曜版」を五〇部も拡大し配布する活動も重ねていました。七九年に「向島の党の寮に引っ越すまでの九年間、毎週欠かさず自分で配りました」（同、一七一頁）。

「私は八三年間、一度も外国に行ったことがなければ、飛行機に乗ったこともありません。ですから北海道にも九州にも行ったことがありません。夫婦二人きりでどこかへ行ったこともありません」（同、二三四頁）。

真剣に人生に向き合い、使命を胸にひたむきに努力する姿が目に浮かびます。七加子さんは九八年に胃がん手術を受け、二〇〇三年には股関節の手術などで入院し、「車椅子生活が二年近くにわた」った、と不破氏が水上勉との往復書簡の著作に記しています（二二〇頁）。

七加子さんは、不破氏と「ケンカをした記憶は一度もありません」（『道ひとすじ』一二二頁）とか、「いままで一度も夫のことを『主人』と言ったことはありません」（同、一一八頁）とも書いています。さらに、「公平さ謙虚さは不破のもつ長所の一つだと私は思っています」（同）ということですが、筆の滑りかもしれません。

ただ一つだけ少し気になったのは、娘の千加子さんに触れることがほとんどないことでした。誕生（同、一三三頁）と手塚治虫ファン（同、一七二頁）と山登り（同、二〇〇頁）しか書いてありません。

この著作にも水上勉との往復書簡の著作にも不破夫婦の数葉の写真が収められていますが、どれも理知的な笑顔で、思わずぜひお会いしたいものだと叶わぬ願いが胸をよぎります。不破氏はきっと大きく支えられているのでしょう。類まれな「愛妻家」と記されています（同、二二三頁）。

共産党の世界ではトップでも、共産党が日本社会全体では少数派なので孤立していることが多く、不破氏と社会との接点は少ないと言えるのですが、抜かすことができないエピソードもあります。不破氏は九八年には、メガネのベスト・ドレッサー賞と新語・流行語大賞に選ばれたりもしています。流行語のほうは「日本共産党の（この年の参議院選挙での）躍進を外国のメディアが報道するさいに使った『スマイリング・コミュニスト』という言葉」でした（『新日本共産党宣言』三九頁）。戦前には蛇蝎のように嫌われていた共産党がいわば市民権を広く獲得したことを象徴するものです。

外国訪問と対談

不破氏は、この半世紀、多くの外国を訪問しています。訪問時期と訪問国だけピックアップします。一九六六年二月から四月のベトナム、中国、北朝鮮の三カ国訪問については、すでに明らかにしました。

一九六八年八月　北朝鮮
一九七三年　フランス
一九七四年　ベトナム
一九七七年　イタリア
一九八四年六月　イタリア（ベルリングエル書記長の葬儀）
同年　九月　ベトナム、カンボジア
同年　一一月　キューバ、ニカラグア、メキシコ
一九八五年三月　ソ連邦（ゴルバチョフ書記長と会談）
一九八六年八月　ソ連邦
一九八八年一月　インド、デンマーク
　五月　ソ連邦

一九八九年三月　ユーゴスラビア
一九九八年七月　中国。江沢民主席と会談（両国共産党の和解）
一九九九年九月　マレーシア、シンガポール、ベトナム、香港
二〇〇二年八月　中国。社会科学院で学術講演。
二〇〇三年七月　チュニジア。政権党から招かれて、党大会に出席。

以上は、『時代の証言』の年表や『道ひとすじ』などに記載されているものを拾っただけなので、漏れているものもあるでしょう。何月か記載がない場合もあります。

これらの訪問では、外国の共産党のトップとも中国の毛沢東、胡錦濤、江沢民、ベトナムのホ・チ・ミン、北朝鮮の金日成、キューバのカストロ、ソ連邦のゴルバチョフと会談しています。喧嘩別れとなった毛沢東やゴルバチョフは別にして、前に触れたベトナムのホ・チ・ミン主席や、ソ連邦のアフガン侵攻を「痛切な表情で『社会主義国として担う十字架』と答えた」（『時代の証言』一四〇頁）カストロの苦悩など印象深いエピソードが語られています。

対談について

不破氏は、キャリアの割には少ないと思いますが、さまざまな人と対談しています。井上ひさし、水上勉との対談は、この本でも何回も引用しましたが、本人も整理していないので、全部を網羅することはできませんから、気がついた人名だけ掲げることにします。千宗室、岩崎元郎、阿川佐和子、中

村勘九郎、橋本大二郎、夢枕獏、中曽根康弘、岩見隆夫の各氏と対談しています。平林久、益川敏英、梶田隆章、秋光純、銀林浩、立石雅昭、丸山健人の七人との対談は『自然の謎と科学のロマン（上）――宇宙と物質』として刊行されています。

対談について、宮本顕治と比べるときわめて対照的です。宮本の場合には『宮本顕治対談集』が一九七二年に、『宮本顕治対話集』が七五年に、『人生・政治・文学――宮本顕治対談集』が七七年に刊行されました（宮本の年齢は、六〇歳代です）。約四〇人と対談しています。、その内容も人間味あふれるものです。紹介していたら、それだけで一冊の本になると思われるほどですが、『人生・政治・文学』から二、三の例を上げてみましょう。一九七五年に共産党は創価学会とのあいだで「共創協定」を結びましたが、創価学会が一方的に約束を破ったことがありました。そのことを、宮本は「私は今でも池田大作氏は、あの当時善意だったと思っています」、「だまされてもああいうときには協定を結んだ方がいいんですよ、だまされても……」と回想しています（一六八頁）。スポーツのゴルフについては、自分はやらないが、「年配の者にはいいような運動に見えますね」と語り、「あのキャディーというのか、道具類を運ぶ係りを伴うのはやめて、自分でやるように工夫をしてですね」と注文を付けています（同、七五頁）。フォークソングを「共産党の幹部の中では」「一番聴いたことになっている」（同、七四頁）とも明かしています。

第Ⅴ章　不破理論とは何か？

1　不破理論を検討する前提

私が不破哲三氏の理論とは何かを検討するにはいくつかの前提があります。

まず、不破氏は超人的といえるほど膨大な著述を今でも重ねていることです。一四〇冊以上というのですから、誰にも真似できることではありません（創価学会の池田大作氏は一五〇巻の全集を出していますが）。第Ⅳ章で見たように、一九五〇年代初めから執筆活動を開始していますから、六〇年以上の長期間です。取り上げられたテーマも広範で数多いです。その内容を検討する以前に、これだけの長年月、一貫した理論を展開することはきわめて困難であることを理解しておくことが必要です。時代も社会も大きく変化しますから、主張や理論が変化することは避けられません。それほどの長年月にわたって著述活動を持続していることを、まずは大きくプラスに評価する必要があります。尊敬と形容すべきかもしれません。誰かについて評価する側は、この点を留意しなくてはいけません。同じように、他人から評価される人間は、自らの「変化」について注意しなくてはいけないことがあります。

ここで、私は次の言葉を思いだします。

「人間は変わるものだという。……変わることによって今まで見ることが出来なかった世界を見てゆくからであろう。本当に新しい眼をもつためには変わらねばならぬ。ただどんな風に変ってきたか、そのけじめだけは忘れたくない」。

これは、梅本克己が「或る回想」に記した言葉です（『革命の思想とその実験』二七三頁）。

ですから、「前に言っていたことと違うではないか！」という批判はあまり有効ではありません。その違いが何を意味するのかを探ることが大切なのです。

次に、一般的な注意ではありませんが、私は二〇〇三年に『不破哲三との対話』を著しました。残念ながら応答はまったくありませんでした。今年二月には『日本共産党をどう理解したら良いか』の第Ⅲ部を「不破哲三氏との対話を求めて」と立てて、いくつかの質問を発しました。これまた応答はゼロです。彼の書庫に忍び込んで、書架に拙著

注：マルクスは『資本論』フランス語版（1872年）で、ドイツ語版（1867年）第1巻第1章の或る部分に加筆修正を加えたのですが、そのなかにドイツ語版では「自覚的」となっていた箇所を「協議した計画に従って」と書き換えた部分がありました。私は、1997年にこの言葉をヒントに〈協議経済〉と創語しました。不破哲三氏は、2003年8月に「『ゴータ綱領』の読み方」という講義をしたのです（『前衛』10月号）が、そこで突然、マルクスのその部分を引用し、わざわざ「フランス語版での挿入」と書き加えたにもかかわらず、「協議した計画に従って」の意味についてはまったく触れませんでした。なぜ、『ゴータ綱領』がテーマなのに、『資本論』フランス語版のこの一句が飛び出したのかまったく意味不明でした（『不破哲三との対話』106～109頁）。

の有無や、書き込みや傍線などを調べることが出来れば分かることもあるでしょうが、そうは出来ません。

しかし、「生存権」をめぐる私の批判が通じたように感じることもあります。私が批判する前は、共産党は「生存の自由」という不自由な言葉を使っていたのです。また、いつか、『資本論』フランス語版の或る文章について、私が問題にした後で、不破氏が脈絡不明に言及したことがありました。注

私は、当然にも不破氏当人にも考えてほしいと希望していますが、共産党を日々支えている党員、さらに共産党に関心をいだく人びとの思考・反省のきっかけになることを切望しているのです。応答が生じれば、私の認識も変更を迫られたり深化するでしょう。

最後に、不破理論は膨大ですから、本書ではそのごく一部、といっても日本の変革と革命にとって重要な問題についていくつか検討することにします。

2　「社会主義革命」か「社会主義的変革」か？

不破氏は、今年五月、日本民主青年同盟主催の「科学的社会主義セミナー」で講義し、それはすぐに『マルクスと友達になろう』というパンフレットとして刊行されました。その「7、日本共産党の革命理論の基本」に次のように書いてあります。

「私たちの綱領には……未来社会への道を切り開く社会主義革命にすすんでゆく、こういう段階的な

革命の展望をたてています」（六四頁）。

ここには★印の注「党綱領に明記された多数者革命の方針」が付けられ、「社会主義的変革について」も次のように述べています」（傍点：村岡）として綱領が引用されています。しかし、その引用文には「社会主義革命」とは書かれていません。だから、「社会主義的変革についても」と断っています。

「社会主義革命」と「社会主義的変革」とは同じなのでしょうか。重箱の隅を突つく感もしないわけではありませんが、ここには重要な問題が伏在していますから、しばらくは辛抱してください。このパンフレットの約半年前に、「赤旗」に掲載された次の問答を読むと、二つの言葉の違いが強調されています。

「問い　日本共産党の綱領の中に入っている社会主義革命を変えることはまったくないのか。……

〔答〕　まず、綱領のなかには『社会主義革命』という言葉はないんです。……私たちは『社会主義的変革』という言葉を使っています」（「赤旗」二〇一四年一二月一〇日）。

引用に際して〔答〕としましたが、そこには「志位」と表示されています。これは、日本外国特派員協会での講演後の「一問一答」であり、「志位」は志位和夫委員長です。

つまり、志位氏は綱領には「社会主義革命」と書いてないと記者に教示しています。それなのに、不破氏は、「社会主義革命にすすんでゆく」と説明しています。誰がどう考えてもこの二つの理解が同一であるとは思えません。

どうして、志位氏は、このように返答したのでしょうか。冒頭に示した不破氏の綱領からの引用には出てきませんが、実は綱領には「社会主義革命ではなく」と書いてあるからです。だから、志位氏は、不正確に「綱領のなかには『社会主義革命』という言葉はない」と説明したのです。正確には、「肯定する意味では」と言うべきだったのです。

綱領では「社会主義革命ではなく」と否定しているのに、どうして不破氏は「社会主義革命にすすんでゆく」と言うのでしょうか。

実は、この綱領は、二〇〇四年に大改訂されたもので、それまでの綱領では「……連続的に社会主義革命に発展する必然性をもっている」と書かれていたのです。これは、宮本顕治が一九六一年の第八回党大会で強調した「二段階連続革命」です。この大改訂を主導した不破氏は、この変更について、この大会の前年に開かれた七中総での綱領改定についての討論のなかで、「民主主義革命と社会主義革命との関連について」の質問に答えて、「社会主義革命への転化の角度からの特徴づけをなくした」と説明し、「連続革命論的な誤解を残すような表現は、すべて取り除き」とまで強調したのです。不破氏は、宮本の「二段階連続革命」と完全に手を切ったと言えます。これと同じ説明を、不破氏は、第二三回党大会を開催した二〇一四年の年末に刊行した『新・日本共産党綱領を読む』では、わざわざ「なぜ『社会主義的変革』と呼ぶのか」と項目を立てて繰り返していました（三五〇頁）。翌年に出した『党綱領の理論上の突破点について』では「民主主義革命が達成すべき任務（は）資本主義の枠内での民主的改革である」（『突破点』三〇頁）と説明し、その説明とはかなり離れて「社会主義的変革の道」について語っています。

このように、不破氏は、綱領の大改訂の頃は、「社会主義革命」ではなく、「社会主義的変革」とすべきだと繰り返し強調していたのです。だから、志位氏もそれに従って、記者の質問に答えたのです。ところが、今やその不破氏が「社会主義革命にすすんでゆく」と講義しているのです。この講義を聴講した民青の同盟員も、パンフレットにするさいに関係した党員も「おかしいな?」と感じなかったのでしょうか。日本の未来社会をどのように展望するのかという根本的問題にかかわることであり、不破氏は共産党の最高の理論家なのですから、けっして見過ごすことはできません。なぜ、不破氏がそう話したのかは、本人が説明していないので分かりません。はっきりしたことは、この大問題について、不破氏の説明=認識がふらついているということです。

3　組織論をなぜ語らなくなったのか

第二の問題は、組織論です。共産党規約第三条には「党は……民主集中制を組織の原則とする」と明記されています(以前は「前文」に「民主主義的中央集権制」とフルネームが書かれていました)。後で見るように、以前は大会のたびに「民主集中制」が強調されていましたが、今では「赤旗」ではこの五文字はほとんど使われなくなりました。第I章の付論で明らかにしましたが、常任幹部会員の浜野忠夫氏は「組織論」の著作で一言も「民主集中制」と話しませんでした。この節では、不破氏が組織論についてはどのように主張していたのか、現在はどうなっているのか、について明らかにします。

まず、以前の党大会ではどのように主張されていたのかを簡単に確認しましょう。

一九五八年の第七回党大会では、野坂参三による「中央委員会政治報告」で「民主集中制と鉄の規律」が強調されました（六三頁）。「鉄の規律」は今では死語ですが、当時は「五〇年分裂」と国家権力による凄まじい弾圧の時代でした。

一九七七年の第一四回党大会から八二年の第一六回党大会でも触れています。

一九九〇年の第一九回党大会でも何回も触れています（二六頁、一一八頁）。不破氏は「民主集中制の真価」（六七頁）とか、「分派の禁止を民主集中制にとって不可欠の組織原則だ」と報告していました（六八頁）。

二〇〇〇年の第二二回党大会で微妙な変化が現れました。志位和夫書記局長が「結語」で、「双方向型、循環型の全党的な認識の発展」（一一二頁）と言い出したのです。この大会では規約改定も行われたのですが、その説明で、不破氏は「民主集中制」については、一言も「双方向型、循環型」とは言いませんでしたが、狛江市長選挙での例を出して、「いわば循環型の関係で党活動が発展」と説明しました（一四五頁）。

以後、志位氏は時どき、「民主集中制」について「双方向型、循環型」と話すようになりました。第Ⅰ章の付論で見たように、浜野氏は、党規約第一五条に「双方向・循環型」と書いてあるかに小見出しを立てました。しかし、「循環」と「中央集権」とは真逆であることは中学生でも理解できます。

一九八〇年の第一五回党大会で「民主集中制」が頻回に登場したのは、その前の時期に、「田口・不破論争」が大きな話題となって展開されたからです。ここで、話は不破氏に移ります。

不破氏は、『前衛』一九七九年一月号に同号の半分を使って、「田口理論の批判的研究」を発表しました。「田口」とは田口富久治・名古屋大学教授です。二、三年前から「ユーロ・コミュニズム」が話題となり、共産党周辺で小さくない波紋を広げていました。不破氏は、「政党と国家との無原則的な混同」などとして厳しく批判しました。この論文は、『現代前衛党論』（一九八〇年）に収録されました。党の出版局からの『民主集中制と近代政党』（一九七八年）や、榊利夫氏の『民主集中制論』（一九八〇年）などが刊行されました。

なお、この論争については、私は即座に「田口・不破論争の限界は何か」を当時在籍していた第四インターの機関紙「世界革命」に発表しました（『スターリン主義批判の現段階』に収録）。

ところが、不破氏は一九九八年から三年かけて刊行した『レーニンと「資本論」』全七巻（約三〇〇〇頁）では、組織論については論述しませんでした。レーニンと言えば、『国家と革命』『帝国主義論』『何をなすべきか』の三冊が必読の文献だと広く知られていますが、不破氏は『何をなすべきか』を取り上げません。誠に不思議です。このことについては、私は『不破哲三との対話』で批判を加えました。それから一二年間、不破氏は組織論を語りません。私の批判が止めを刺した恰好です。例外的に、二〇一一年に刊行した『不破哲三　時代の証言』で、この著作の元である「読売新聞」連載時には話していないのに新しく付け加えて、「民主集中制」についてわずかに六行だけ簡単に説明したことがあります（二〇八頁）が、論じたとは誰も思いません。

その理由は何でしょうか。筆を折ったわけではないご本人が説明するのがベストですが、その説明もありませんから、推測するほかありません。「民主集中制」論はツァーのロシアでレーニン時代においてこそ有効な組織論であって、時代が隔絶している今日では有効性を失っているからです。時代隔絶の激しさは、「自白は証拠の女王である」とすら広く言われていたツァー支配下の専制体制と、今日の原理的には民主政――現実的には〈歪曲民主政〉――とを対比するだけではっきりします。非合法だった共産党は、今や合法政党になっています。通信手段の発達も見逃せません。電報が主要手段の一つであった時代と、ラインでやり取りし、超小型の盗聴器が市販されている現在とを対比してもよいです。だから、現在では日本共産党の中央委員会総会はリアルタイムで、党の地方事務所で聴取することができます。レーニンが知ったら、卒倒するでしょう。

「民主集中制」とセットになっているのは「一国一前衛党」です。共産党は、一九八四年には「科学的社会主義の原則と一国一前衛党――『併党』論を批判する」を大々的に発表していました。ところが、この「独習指定文献」に設定されていた重要論文は、二〇〇三年に刊行された『日本共産党の八十年』からは姿を消しました。ついでながら、第Ⅱ章で触れたように、宮本顕治は一九九〇年の第一九回党大会で党内に「複数前衛党論を主張する人たちがでてきています」と報告していました。もちろん誤りの例としてです。

この時代の激変のなかで、共産党は、〈民主政〉、普通には民主主義とは異なるものとして「民主集中制」という別の言葉で表現する理由と意味を説明できないのです。

もう一つ、不破氏が組織論について語らない理由がありそうです。マルクスが組織論を書いていないからです。この章の最後に明らかにしますが、不破氏はマルクスの古典の研究をもっぱらにしているので、マルクスが書いていないことについては、論述できないようになってしまったのです。

組織論について明らかにする上で、注意すべきことがあります。組織論を明らかにすることは重要な課題ですが、それよりも大切で重要なことは、〈組織の必要性・大切さ〉についての自覚と認識です。この自覚と認識を欠如したり不十分であっても、組織論を書けないことはありませんが、釣りにいかないのに釣竿を磨く艶布巾のような理論ではあまり意味がありません。どういう組織論かが明確ではなくても、さらに言えば多少はねじ曲がっていても、自分たちの目標や理想を実現するためには組織が必要で大切であるという自覚と意識が保持されていれば、組織は健全さの度合いは別として維持されます。逆に、立派だと自分では思っている理論をもっているつもりでも、他人との協力や連帯を蔑ろにして、自分の「自由」だけを主張する人によっては、組織を創り維持することはできません。新左翼党派と共産党との根本的な違いの一つがここにあります。一匹狼の突出した行動に憧れる傾向が強い新左翼やその周辺の人びとが何年たってもまともな組織を作れないのは、そこに根本的な弱点があるからです。私が、共産党からどんな対応をされても、彼らとの対話を追求する姿勢をまったく崩さないのは、大きな組織に成長し、党勢をともかく保持している共産党を尊敬しているからなのです。

私たちにとっては、マルクスにのみこだわる不破氏を超えて、レーニン時代の「民主集中制」に代わる新しい組織論が必要になっているのです。私は一九八六年に〈複数前衛党〉を、翌年に〈多数尊重制〉を提起しました。

4　未来社会論のあいまいさ

第三の問題は、資本主義社会を超えた、人類の未来の社会についてどのように考えるかという問題です。その内実をどう構想するかという論点がもっとも重要です。そこに踏み込む前に、二つの問題があります。一つは未来社会を構想すること自体をどう考えるかという問題であり、もう一つは、その未来社会を何と表現するかという問題です。この第三の問題は、不破氏が何冊もの著作を著して論じているので、ここでも少し詳しく検討しましょう。

A　「青写真」は要らないのか必要なのか

人類の未来社会をどのように構想するのかというテーマは、長いあいだ洋の東西で論じられてきました。「青写真」を描くという表現でさまざまなイメージが提起されています。「未来学」などという領域すらあります。話を広げることは禁欲して、「青写真」にこだわって、不破氏の主張を整理してみましょう。

一九九〇年の第一九回党大会で、不破氏は、「『新しい日本』の目標を具体化する努力」に関連して、党内の「一部には『日本の社会主義の青写真』をという声もありましたが、こうした青写真は職場での対決をそらすものでしかない」と、妙な理屈で退けました（五九頁、六〇頁）。

続く九四年の第二〇回党大会では、綱領の一部改訂を説明するなかで「未来社会の青写真つくりをことするものではない」（一二三頁）と報告し、「未来社会の設計図をほしがる青写真待望論者」（一二三頁）をマルクスの言葉を援用して否定しました（ついでですが、C項で問題にする「人類の前史から本史への展望」を語りました。一二六頁）。

一九九九年に刊行した『レーニンと「資本論」』第3巻でも「マルクスは社会主義の青写真を描いたことは一度もなかった」（三六九頁）と強調しました。

さらに、二〇〇四年の第二三回党大会では、「綱領改定についての報告」で「青写真主義を戒める原則的見地を貫いている」（五四頁）と強調しました。

同大会の半年後に、不破氏は、『マルクスの未来社会論』を著しました。そこでは「青写真主義をいましめるいくつかの文章――マルクスの場合」とか、「青写真主義をいましめるいくつかの文章――エンゲルスの場合」とかの小項目を立てて例証していました（二〇頁、二八頁）。

以上のように、不破氏は「青写真」作り否定を何回も繰り返し強調しています。この主張は、すでに一九八四年に刊行した『日本共産党の綱領路線』にも書かれていました。この時は「日本における社会主義の経済制度の青写真づくりなどやっていません」（二四一頁）と、「経済制度の青写真」に限定していました。

ところが、最近作『マルクス「資本論」発掘・追跡・探究』では、一転して「……未来社会の旗を高く掲げてきたマルクスが、……未来社会の目標について、かんじんの本論を書いてないはずはない。そういうつもりで、マルクスの未来社会の本論を、いわば〝発掘〟する作業を私たちは始めたのでした」（二七頁）と告白しました。引用にさいして省略が必要なほどにしまりのない文章であることも特徴的ですが、これでは「青写真」の探究です。だから、本書では「青写真」は否定されていません。

実はこの六年前二〇〇九年に、不破氏は『マルクスは生きている』という新書で、「マルクス以前にも……社会運動家は数多くいました。みな……青写真づくりに知恵をしぼったのです」（一五二頁）と書きました。主語が「社会運動家」たちですが、「知恵をしぼった」というのですから、肯定的な努力ということになります。そして、その少し先で「マルクスはなぜ青写真づくりに反対したか」と小項目を立て、「マルクスは……未来社会の細目の青写真を描こうとはしませんでした」（一六九頁）と書きました。ここでは「青写真」ではなく「細目の青写真」と限定しています。馬と白い馬とは異なりますから、おおまかな「青写真づくり」は肯定されたことになります。六年かかって、さらに不破氏の認識は進化したのでしょう。

つまりかつては口を極めて「青写真」を否定していたのに、今や不破氏は「マルクスの未来社会の本論」探しに夢中になっているのです。その中身については、C項とD項で検討します。次の項目に進む前にもう一つ触れなくてはなりません。不破氏は、「青写真」問題に焦点を当てるので、ソ連邦の現実の歴史・経済には目が向きません。例えば、一九二〇年代から三〇年代に「社会主義経済計算論争」という国際的な大論争が展開されていたのですが、不破氏の眼中にはまったくその影すらありません。この経済論争は、社会主義経済を構想する上では、けっして欠かすことができない重要な歴史の経験と教訓を示したものです。

私は、その重要性に気づき、一九九六年に『原典　社会主義経済計算論争』を編集・刊行しました。この著作は、晩年にわずかに接点が生まれた吉岡吉典が亡くなった（二〇〇九年）後に作られた「きってん文庫」の所蔵図書目録に入っていましたから、吉岡は一読する関心を保持していたのでしょう。

B 「社会主義・共産主義」とは何か？

共産党が綱領で未来社会について「社会主義・共産主義」と書いたのは、二〇〇四年の第二三回党大会での綱領改訂によるものです。

もともと「社会主義」という言葉はイギリスで一八二七年に或る文献で使われたということですが、差別と抑圧のある資本主義社会を超えて新しい社会を創ろうという希望の目標を示すものです。「社会主義」socialism の語根である society は「社会」を意味します。「共産主義」communism の語根 commune（コミューン）は「親しく交わる」とか「共有」とか「共同」を意味します。マルクスが生きていた一九世紀には、この二つの言葉は明確に区別されて使われることはなく、文脈や好みに応じて用いていていました。

例えば、エンゲルスは一八八〇年に著した『空想から科学への社会主義の発展』の中で、サン＝シモン、フーリエ、オウエンなどを「空想的社会主義者」と批判し、自分やマルクスの主張を「科学的社会主義」と推奨しました。でも、この著作よりもはるかに広範に読まれることになる、マルクスの基本的文献は『共産党宣言』（一八四八年）とタイトルされ、そこでは「共産主義」が主張されました。

二つの言葉を発展段階が異なるもの、つまり「社会主義」が第一段階で、「共産主義」はその次の第二段階だとする理解は、レーニンが一九一七年春に書いた『国家と革命』の記述いらいです。レーニンの説明では、生産物の分配について、「社会主義」では「労働に応じて」だが、「共産主義」では「必要に応じて」となるという区別が示されていますが、それ以上の内実はありませんでした。

だから、左翼組織の名称を並べてみれば分かりますが、「社会主義協会」「共産青年同盟」「社会党」「共産党」とさまざまです。どちらかと言うと、「社会主義」は軟弱で、「共産主義」は先鋭・ハードというニュアンスの違いがあるように理解されています。

ですから、共産党や不破氏の著作でも、「社会主義・共産主義」「社会主義、共産主義」「社会主義・共産主義の社会」「社会主義・共産主義社会」と微妙に異なる表記が乱雑に発せられています。ですから、どの文献でどの用語が使われているかを詮索することは無駄なので省きます。一例だけあげると、一九九四年の第二〇回党大会では「社会主義・共産主義のそれぞれの段階」（九七頁）としていたのです。それがいつの間にか〝一つの（一段階の）社会〟になってしまいました。

しかし、次の三つの説明は看過できません。

第一：不破氏は二〇〇三年七月に東京・日比谷公会堂で、日本共産党創立八一周年記念講演を「党綱領の改定について。市民道徳について」というテーマで行いました（「赤旗」七月二一日）。綱領の改定の半年前です。そこで、不破氏は、「社会主義・共産主義」という言葉について、「どっちかを捨てるというわけにはゆかないので」と説明しました。すると、会場から（笑い）が起きて、「そこはご理解いただきたい」ということになりました。笑いが起きる身内には通じるのかもしれませんが、自律的に考える人にはその理由を説明してもらわないと理解できません。「急行・特急」では急行なのか、特急なのか不明なように、何のことか意味不明です。私が利用する路線には「快速」と区別して「通勤快速」があります。

私はこの年の一一月に刊行した『不破哲三との対話』で、この批判を明らかにしました。そこでも注意しましたが、不破氏だけがなぜ、綱領改訂の前に綱領の内容と異なる理解を、綱領違反に問われることなく、主張できるのかも不思議です。

第二：それから六年後、不破氏は、二〇〇九年に『マルクスは生きている』という新書を著しました。そこで「社会主義と共産主義」という注を付けて次のように説明しました。

「この二つの言葉は、マルクス、エンゲルスの用語法に関するかぎり、どちらも、未来社会を表現する同じ意味の言葉で、内容の区別はありません」（一五六頁）。

続いて「レーニンが『国家と革命』で、未来社会の発展の二段階論をとなえた」ことを紹介したうえで、「マルクスの未来社会論には、もともと、二段階発展論はないのですから、かんじんのマルクスの未来社会論に、混乱をもちこむことになります」として、「その意味で、本書では、未来社会を『社会主義・共産主義』と呼び、どちらか一方の言葉に略すときにも、同じ意味で使うことにしていますので、ご了解ください」と、不破氏は書きました（一五六～一五七頁）。

果たしてこれで「ご了解」できるでしょうか。「どちらか一方の言葉に略す」のではなく、「これからは『社会主義』と表現します」と言ってもいっこうにおかしくないはずです。

不破氏は、『マルクスは生きている』で「人類社会の歴史について、マルクスは、原始の共同体社会――奴隷制社会――封建制社会――資本主義社会――社会主義・共産主義社会という段階的な見方をしている」（二二三頁）と、あたかもマルクスが「社会主義・共産主義社会」用語を使っていたかの如くに書いていますが、人を誤導する大きな誤り・捏造です。マルクスはそうは書いていないからです。

第三：ところが、不破氏は昨年一月に「日本・ベトナム理論交流」で日本側団長として報告し、その最終項目を「未来社会をどう呼ぶか」と立てて次のように説明しました。

「……私たちは共産党ですから、共産主義という名前を捨てるわけにはいきません。また、科学的社会主義を指導理論にしている党ですから、社会主義という名称を捨てるわけにはいきません。……わが党の党員がどちらを使っても綱領に違反していると言えないように両方の名前をつけたのです」（「赤旗」二〇一四年一月一〇日）。

呆れるほかありません。まったく転倒しています。本来は、共産主義が正しいと考えるから共産党と称するはずであり、「社会主義」は日本共産党の誕生以前から存在しているのです。日本共産党の都合でその使用・不使用が左右されるのではありません。自分たちが一度付けた名前だから「捨てられない」とは本末転倒です。しかもこの発言に続けて「私たちも、ものをいうときに、いちいち両方は言いません。舌をかみますから」と言い、笑いを誘っています（わざわざ（笑）と表示してあります）。ベトナムの団長が適当に相槌を打ち、この漫談は終了しました。

ベトナムの団長との漫談は（笑）で済ますことができるでしょうが、これでは、五年前の『マルクスは生きている』での説明は不要になってしまいます。不破氏は自分が新しく造語した「社会主義・共産主義」について、これほど曖昧な説明しかできないのです。『マルクスは生きている』での説明のように、二つの言葉が「同じ意味の言葉」なら、「社会主義」と一本化したほうがはるかにスッキリします。

C　マルクスは人類の「本史」と書いたのか

この未来について、不破氏がしきりに人類の「本史」と主張していることを問題にしなければなりません。

不破氏は、一九九四年の第二〇回党大会で「綱領の一部改訂についての報告」で「人類の前史から本史への展望」と項目を立てました（一二六頁）。

さらに二〇〇四年の第二三回党大会で「綱領改訂についての報告」で、「社会主義・共産主義の社会をめざして」の説明で「マルクスもエンゲルスも、未来社会を人類の『本史』……としてとらえました」（四八頁）と報告しました。『マルクスは生きている』など、他の著作でも頻出しています。

不破氏は、人類の歴史の発展段階についての、マルクスの『経済学批判・序言』の有名な個所を引用して人類の「本史」が到来すると強調しますが、マルクスはそこで「前史」とは書いていますが、その文脈でも他の膨大な著作でも一度も「本史」とは書いたことがないのです。だから、マルクスを大量に精読しているはずの不破氏は一度もマルクスからの引用として「本史」と書くことはできません。

マルクスは「前史」とだけしか書かないので、その後の人類の歴史をどう呼称するかは後世の人に託されているとも言えますが、普通なら〈後史〉というべきでしょう。「前後」とは言いますが、「前本」という言葉はないからです。

実は、このことについては、哲学者の梅本克己が『唯物史観と経済学』（一九七一年）で問題にしたことがあるのです。梅本は「〔私は〕『後史』といって『本史』というういい方を避ける……それはたしかに決定的な境界をもち、まさにその境界の人類史的意味において、それ以前の歴史を前史とよぶにふさわしいものだが、この『前史』は、本史にたいする『前座』としての歴史ではないと思うからである」（九九頁）と書いていました。別な言い方を梅本から借りれば、「人間は疎外のもとにおいてもつねに人類としての富を展開してきた」（『マルクス主義における思想と科学』一三〇頁）と捉えるべきだからです。「前史」はけっして非本来的な抜け殻ではないのです。私はこのことを二〇〇五年に『社会主義はなぜ大切か』で明らかにしました（一四三頁）。

不破氏が梅本哲学と接点があったかどうかは確かめようがありませんが、不破氏が〈後史〉ではなく「本史」と考えたのは、彼の歴史観や人間理解、つまり「不破理論」の特質を良く表していると言えるでしょう。「人間は疎外のもとにおいてもつねに人類としての富を展開してきた」という歴史観は、同時に何人であれ、どんな組織であれ、そこ（底でもあります）にある、善意や進歩への芽を大切にすることを意味します。人格否定の非難に陥ってはいけないのです。

マルクスが一度も書いたことがないのに、あたかもマルクスが「本史」と書いたかに主張するのはまやかしというほかありません。

D 「結合した労働」とは何か？

もう一つは、不破氏が近年とくに強調している「結合した労働」についてです。やや専門的な領域なので、経過は抜かして、結論だけ先に明らかにします。

不破氏は前記の『マルクスは生きている』で、「結合した生産者たち」という注を付け、次のように書いています。

「なおマルクスは、〔『資本論』で〕『労働者の結合』を論じる場合、資本主義のもとでの準備段階から、未来社会で本格的に開花する段階への発展を表現するために、前者の『結合』には『コンビニールト』、後者の『結合』には『アソツィイールト』と、ドイツ語を使いわけています」（九七頁）。

なんとも変な説明です。最初の「労働者の結合」が、「労働者相互の関係」とでもなっていれば、その後に出てくる二つの「の結合」を外して、意味が通ります。こうなるからです。「なおマルクスは、

〔『資本論』で〕労働者相互の関係を論じる場合、資本主義のもとでの準備段階から、未来社会で本格的に開花する段階への発展を表現するために、前者には『アソツィイールト』と、ドイツ語を使いわけています」。つまり、マルクスは「コンビニールト」と「アソツィイールト」と使い分けているのです。

不破氏がどうしてこんなに奇妙な説明を書くことになったかと言えば、長い間、日本のマルクス主義者や『資本論』の翻訳者が、この二つの言葉を訳し分けることができずに、同じく「結合」と訳していたからです。

実は「コンビニールト」と「アソツィイールト」との違いに重要な意義を見い出し、鋭角的に問題提起していた先人が日本には存在していたのです。広西元信が、一九六六年に著した『資本論の誤訳』でズバリと批判していました。

「邦訳の一番、悪い点は、連合生産者が結合生産者と誤訳されていることです。〔英語で言えば〕社会主義を意味するアソシエート（連合・提携）と、資本主義を意味するコンビネート（統合）とが、同じように、結合、などという訳になっていることです。この両語を区別せずに、混同して、同じように結合などと訳す訳し方は、邦訳の最大の悪癖です。……アソシエートとコンビネート、この両語を私のように連合と統合などと訳さず、別の訳し方もあろう。前者を協会、協同、組合とか、後者を統一、統括、合一とか、いろいろの訳し方もあろう。あってもよいはずです。ただ、両語を同じ訳語、結合などと訳してはいけません。これでは社会主義と資本主義との区別が、わからないものになってしまうからです」（こぶし書房、二〇〇二年復刻版、一四頁）。横と縦を二つとも「斜め」と表現したのでは、その違いが消えてしまいます。

すでに一九六六年にここまではっきりと認識されていたのです。「邦訳の最大の悪癖」とまで指弾されていたにもかかわらず、日本のマルクス主義者は例外なしにこの広西の先駆的批判を無視してきました。私は、ソ連邦崩壊の後に、九二年夏に広西さん本人と『資本論の誤訳』に出会い、深い衝撃を受けました。何事においても、先人の先駆的認識から虚心に、党派的色めがねを外して学ぶことがいかに大切かということを教えています（『不破哲三との対話』九七頁）。

不破氏が、二つの言葉の違いを明確にして最初に触れたのは、二〇〇二年一二月一六日に党本部で開かれた「代々木『資本論』ゼミナール」の最終講義でした。不破氏は、「訳語は同じですが、原語では資本主義の段階の結合（コンビニールテ）と社会主義の段階の結合（アソツィールテ）とは、用語も発展させられているのです。そういう点で、『結合された生産者』というのは大事な概念なんです」と話しました（「赤旗」一二月一九日）。

私は直ちにこの講義を取り上げ、当時発行していた個人紙「稲妻」で批判を加えました。

「文意についてはまことにそのとおりである。だが、だれでもすぐにちょっとおかしなことに気づくであろう。『用語も発展させられている』のに、どうして『訳語は同じです』でよいのだろうか、と。友情が愛情に変化することもあるが、両方とも『情』とだけ表現するとしたら、どうやってその変化を表すことができるのか。そんな芸当はできないから、不破は恐らく『赤旗』創刊いらい初めて用いられたであろう、『コンビニールテ』とか『アソツィールテ』なるドイツ語をかっこに入れて話すことになったのである。これからは『結合』と書くときにはいつもこの非日常的なドイツ語のお世話になるのだろうか」（『不破哲三との対話』九四頁〜）。

なお、不破氏は『レーニンと「資本論」』では一九九九年に、『資本論』の信用論からの引用――「結合された労働の生産様式」――に際して、「結合」に「アソツイールテ」とルビをふり（④一一六頁。⑥七六頁、九二頁）、さらに、エンゲルスの『家族、私有財産および国家の起源』からの引用――「生産者の自由で平等な協同関係」――に際して、「協同関係」に「アソツイアツイオン」とルビをふっていました（④三五二頁）。だが、そこでは、「コンビニールテ」と対比することもなく、これらの言葉の意味についてはまったく説明していません。不破氏は、一九九三年の『科学的社会主義の運動論』でも前者（信用論から）を引用していますが、そこでのルビは「アンツイールテ」と誤植されていました（二五五頁）。慣れた言葉ではないからでしょう。ルビについての説明はありません（カタカナ表記の違いは不破氏の原文によります）。

ややこしい非日常的なドイツ語のカタカナを併用しないといけない「結合」などの訳語を捨てて、広西の先駆例に学んで、「連合」と「統合」とでも区別したほうが分かりやすいでしょう。

不破氏のこの苦し紛れの論述は、ソ連邦崩壊後ににわかに現れた「アソシエーション」論の流行に促されたものです。

5 「社会主義生成期」論とソ連邦評価の動揺・誤り

不破流の「青写真」探索とは次元を異にしてもう一つ大きな難題が、共産党に課せられています。不破氏の頭のなかではなく、現実に存在したソ連邦をどのように認識・評価したらよいのかという大問題です。この問題では、新左翼は「スターリン主義」とか「官僚制国家資本主義」とかとさまざまに主張してきました。ここでは、共産党の大会でどのように扱われていたのか、不破氏はどういう認識を示しているのかについてだけ整理しましょう。

長い間、共産党はソ連邦などを「社会主義国」「社会主義陣営」として認識していました。このことについては省略します。

共産党は、一九七七年の第一四回党大会の「決議」で、「社会主義は世界史的にはまだ生成期にあり」（七四頁。二七頁も）と新しい認識を提起しました。この理論は、ソ連邦などで相次いで起きる否定的現象をどのように理解するのかをめぐって、まだ「生成期」だから起きることであるとする弁護論でした。だから一九八七年の第一八回党大会でも「復元力の発揮」（二二頁）なる言葉で事態の好転を期待する立場を表明していました。上田耕一郎は「眼からウロコが落ちた」新理論と自賛していました（『現代日本と社会主義への道』二五八頁）。新左翼は、一九五六年のハンガリー事件（ハンガリーの民衆をソ連邦の戦車で弾圧した）の直後から「スターリン主義批判」の声をあげていましたが、日本共産党は反応が鈍いというよりは、ソ連邦などの行動を容認・擁護してきました。その遅れが、新左翼の存在理由の有力な根拠となっていたのです。

共産党は、六八年のチェコスロバキアへの東欧五カ国軍の介入に対しては批判する立場を表明し、五六年のハンガリー事件については、三二年後の八八年に初めてその態度を誤りだと反省しました。しかし、このビックリするほどの遅れを「過去の誤りをすすんで是正する誠実さ」（『日本共産党の七十年』上、二六五頁）と居直っていました。

不破氏は、一九九〇年の第一九回党大会では「中央委員会の報告」で、「社会主義『生成期』論の先駆的な意義」と項目を立てて強調していました（四一頁）。

ところが、九一年末のソ連邦の崩壊を経て、その三年後九四年の第二〇回党大会では「決議」で「今日からみれば明確さを欠いていた」（七八頁）と歯切れ悪く説明されました。お蔵入りしたということです。しかし、明確に限界・誤りを認めて撤回するとはしませんでした。その曖昧さのゆえにその後も次のように説明されています。

不破氏は『新・日本共産党綱領を読む』（二〇〇四年）で「先駆性をもった見解でした」とし、注では「当時の世界の共産主義運動のなかでは衝撃的な意味をもちました」と自賛しながら、「認識の制約と限界をまぬがれないものでした」と他人事のように書いていました（一八三～一八四頁）。

さらに、『不破哲三　時代の証言』（二〇一一年）では、「〔ソ連共産党に対して〕〝君たちはまだ生成の過程にあるにすぎない〟と、その評価〔発達した社会主義〕を強く批判した規定であった」（一六〇頁、傍点：村岡）と、手前勝手で不遜で高飛車な注を付けました。

私は、「社会主義生成期」論に対しては、一九八二年に『朝日ジャーナル』に掲載された「分散化深まる共産党の組織の実態」（一〇月一五日）や「『生成期社会主義』論の限界」（『現代の理論』一九八四年一二月号、『変化の中の日本共産党』所収）などで批判しつづけてきました。単に批判を加えるだけではなく、党の幹部である聴濤弘氏の『21世紀と社会主義』（一九八四年）の積極的な面を肯定的に評価しました。

このお蔵入りした理論と密接に関連して、一九九一年末に崩壊したソ連邦などをどのように評価すべきかも大きな問題でした。ソ連邦の崩壊については、政治的立場の表明としては、九一年八月二四日のソ連邦共産党の解体に直面して、九月一日に常任幹部会声明「大国主義・覇権主義の歴史的巨悪の党の終焉を歓迎する――ソ連共産党の解体にさいして」を発表し、宮本顕治は「腰を抜かすな」と号令を発することができました。このきっぱりした態度表明・方向指示によって、共産党は社会党が解体に向かうこととは対照的に、マスコミなどでの「社会主義崩壊」論の大激流に抗して持ちこたえることができたのです。

しかし、崩壊したソ連邦を理論的にどのように評価するかについては動揺を繰り返し、さまざまなレッテルをもてあそんできました。

一九九〇年の第一九回党大会では「大国主義・覇権主義」「スターリン・ブレジネフ型の政治・経済体制」「官僚主義・命令主義」とレッテル貼りしました（一四頁、一五頁、四〇頁、九三頁）。

九四年の第二〇回党大会では、綱領を一部改訂して「覇権主義と官僚主義・専制主義の破産」と書き換え、「ソ連覇権主義という歴史的な巨悪の解体は、……世界の革命運動の健全な発展への新しい可能性をひらいたものである」としました。そして先にみたように、「社会主義生成期」論をお蔵入りさせることになりました。二〇〇三年に刊行した『日本共産党の八十年』では、このことを「旧ソ連社会は社会主義と無縁な体制に変質したことをあきらかにしました」とか、「社会主義への過渡期の社会でもなかった」と脚色しました（二八七頁。傍点：村岡）。注意して読むと、引用した二つの文句にはカギ括弧が付いていません。綱領にはそこまでの認識は示されていなかったのです。

二〇〇〇年の第二二回党大会では、九四年の綱領の一部改訂部分を引用しただけです（五九頁）。この部分も『日本共産党の八十年』では「ソ連型の政治・経済・社会体制は社会主義とは縁もゆかりもない体制であり、……人間抑圧の社会体制の出現を絶対にゆるさない」と明らかにしたように説明されました（三〇八頁）。

二〇〇四年の第二三回党大会では綱領を大改訂し、「対外的には……覇権主義の道、国内的には……官僚主義・専制主義の道を進んだ」と書き換えました。

最近の例としては、不破氏は、昨年一一月に刊行した『スターリン秘史』第一巻では、「大国主義」「覇権主義」「大国主義的排外主義」「スターリン専決の専制的な独裁体制」「個人専制の体制」「スターリン体制」「スターリン専制の体制」を概念規定もなく大安売りのように乱発しています。しかし、不思議なことに、「赤旗」でこの著作の宣伝文句となっている「スターリン覇権主義」とは一回も書いていません。

これらのレッテルの大安売りに特徴的なことは、彼らが奉じているはずの「史的唯物論」（唯物史観）によれば、経済（体制）こそが根底的とされているにもかかわらず、経済体制としての特徴づけが欠落していることです。政治体制と外交路線上の特徴づけだけです。

私は、一九七五年に村岡到の名前で初めて書いた長論文「〈ソ連邦＝堕落した労働者国家〉論序説」でトロツキーに学んでいらい、「資本主義から社会主義への過渡期社会」と認識し、八〇年には「官僚制過渡期社会」とも表現しましたが、二〇一一年に「党主指令社会」と規定しました（「『ソ連邦＝党主指令社会』論の意義」『探理夢到』第八号＝二〇一四年一一月、参照）。

以上、未来社会をめぐる不破氏の理論についていくつかの論点を検討してきましたが、数多く論述しているにもかかわらず、不確定かつ曖昧な記述が少なくないこと、ごまかしと誤りもあることが明らかになったと言えます。節をかえて、不破理論の特徴と限界がどこにあるのかを明らかにしましょう。

6　不破理論の特徴と限界

一四〇冊以上とされる膨大な不破氏の著作をその半分も読むことはできませんが、「不破理論」と称してもよいその著述活動の特徴は何でしょうか。

まず第一に、その超人的ともいえる筆力が上げられます。著作のリストを掲示しただけで大変な量になりますから、そうはしません。第Ⅳ章で少年時代に長編小説を書いたことを紹介しましたが、「三つ子の魂百まで」とでも言えるでしょう。家に帰ると手も洗わずにワープロを叩いたり、選挙カーの車中で校正したり、山で遭難しかかっても論文の構想を練ったりする話が、妻の七加子さんらが紹介しています。スタッフの助力もあるのでしょうが、これほど多作の理論家は他にはいません。

第二に、理論の内実というよりは、文章表現あるいは文体に関することですが、無味乾燥という感じをぬぐえません。理論展開には余計な私情を書くことは禁欲したほうがよいとは言えますし、美文を好むかどうかは個人的嗜好ですが、これだけ沢山かいているのですから、物足りないと言わざるをえません。不破氏の文章には譬えがほとんどありません。トロツキーはどこかで、内容を深く理解している理論家は上手な譬えを使うが、スターリンの文章には譬えがない、とからかっていたことを、思いだします。

第三に、不破氏の膨大な著作の多くは、著作のタイトルを一覧しただけではっきりしますが、「古典研究」が圧倒的です。特にマルクスの文献に集中しています。確かに個人には得手不得手や好みがありますから、何かのテーマに集中したり、研究領域が限定されることのほうが一般的ですが、六〇年余にわたって膨大な著作をものしているのですから、しかも大学の××学部の教授ではなく、政党のトップリーダーなのですから、古典研究だけではなく、現実の諸問題の研究がもう少しあっても当然だと思います。

しかし、不破氏のこの限界は、当人によって正当化されているのです。何回も引用した『マルクスは生きている』の冒頭には次のように書いてあります。

「マルクスは、そのたびによみがえりました。なぜ、マルクスはいつもよみがえり、世界からその声が求められるのか。その答えを見出す道は、マルクスの思想と活動を訪ねる以外にはありません」（九頁）。

確かに「『マルクスは死んだ』という声」は、何度も発せられましたが、不破氏が引用しているように、「一九九九年、イギリスのBBC放送は『過去千年間で、もっとも偉大な思想家は誰だと思うか』というアンケート調査をおこない」、「マルクスが圧倒的な第一位でした」。ですから、不破氏のこの文章はそのまま読み飛ばしてもよいように思えます。しかし、そうではありません。

最後の一句に留目する必要があります。不破氏は、マルクスの「声が求められる」のは、「マルクスの思想と活動」に根拠があると説明しているのです。そうでしょうか。本当は、世界の現実において生起している出来事にまず問題の焦点が当てられ、その問題を考える際に、「マルクスの思想と活動」が重要で有用なヒントになることがある、というのが正しい関係だと思います。細かいことを詮索しているのではありません。不破氏の膨大な理論活動と照らし合わせると、「世界の現実において生起している出来事」にはまったく触れずに、「マルクスの思想と活動」だけに注意を向けるこの一句には、不破氏の理論的傾向がよく表現されていることが理解できます。そして、このマルクスにのみ偏重する一面的傾向こそが、不破理論の最大の特徴なのです。片言隻句のなかに本質が垣間見えることがあると言われますが、その好例だと言えます。

だから、不破氏は、マルクスが論述していない組織論については書くことができず、ソ連邦崩壊の現実に対してはレッテルの乱発を続けるほかないのです。なぜなら、マルクスはソ連邦崩壊について何も書いていないからです。

第四に、不破氏の研究は、「古典研究」のなかでもマルクス経済学に偏重しています。不破氏は「『資本論』は何回、何十回読んだからわかったと言えるものではないよ」と七加子さんに言ったということです（『道ひとすじ』一二〇頁）。経済学といっても、宇野弘蔵の宇野経済学の言葉を借りれば、段階論や現状分析ではなく、原理論にばかり偏っています。不破氏に限らずマルクス主義を奉じる研究者の多くは『資本論』を主とする経済学か、哲学を専攻する傾向があります。なかにはレーニンの『国家と革命』に惹かれて政治学を専門にする人もいます。しかし、不破氏は、国家論や政治学や法学には関心が向かないようです。マルクスには『資本論』はありますが、政治学の基本文献はないからです。

法や法律の視点からの考察がきわめて希薄であることについては、大冊『レーニンと「資本論」』を一読すれば歴然です。このことについては、「『レーニンと「資本論」』は何を明らかにしたか」で詳しく明らかにしました（『不破哲三との対話』五五頁）。同じように、宗教についてもほとんど語りません。マルクスが「宗教はアヘンである」と切り捨てたからです。

第五に、不破氏は先行する研究から学ぶことが極端に少ないです。この点については、『不破哲三との対話』の「プロローグ」で「研究対象と自分だけが存在しているかのようなスタイルを一貫している」（二六頁）と指摘しました。『レーニンと「資本論」』を例にとれば、ソ連邦史をテーマにする人なら誰もが学ぶI・ドイッチャー、R・ダニエルズ、S・コーエン、渓内謙は一度も引用されません（五八頁）。「学会の理論にはあまり明るくないので」（第2巻、三九七頁）と言い訳していますが、この四人の著作なら多少とも理論的問題意識のある新左翼の活動家なら読書しています。近作『スターリン秘史』ではいくらか改善されたようです。ついでながら、不破氏は素材になっただけですが、先日、現代思潮新社の広告に不破氏が登場しました（「東京新聞」八月七日）。ロイ&ジョレス・メドベージェフの『知られざるスターリン』のタイトルの脇に「不破哲三氏が『スターリン秘史』（『前衛』）で多数引用・参照しています」と書かれていました。現代思潮新社は現代思潮社の後継で、後者からはトロツキー選集などが多数刊行されている、いわば新左翼系出版社の代表格で、共産党からは敬遠されていいます。例えば不破氏は、同社刊のブハーリンの著作を引用する際に出版社を表示しませんでした。現代思潮（新）社が不破氏に触れることもありませんでした。今や、この垣根は取り払われつつあります。「赤旗」には新左翼系出版社の広告は掲載されませんが、そういう度量の狭いスタイルは早く克服しなくてはなりません。話を戻しましょう。

第六に、不破氏は対話や論争が苦手のようです。もっぱら自分たちの世界で講師として執筆し講演するだけです。六〇年の執筆活動がありながら、論争と呼ばれるのは、前記の一九八〇年前後の「田口（富久治）・不破論争」だけです。不破氏の側からも、不破氏に対しても理論的な対話を求めることはありません。私の試みがまったく無視されていることはすでに書いた通りです。

今年七月、『スターリン秘史』第3巻が刊行されたあとに、恒例となっている同書をテーマにした鼎談（不破氏と石川康宏・神戸女学院大学教授と山口富男・党社会科学研究所副所長）が「赤旗」に大きく掲載されました。その最後で、不破氏は「スターリンの側近は、スターリンのいいなりになっている間に、知的に低下していったと思います。多少、おかしいと思っても、論争もできないからでしょう」と語っています（七月八日）。スターリンを不破氏に置き換えることが出来そうです。例えば、前記の5節で取り上げた、崩壊したソ連邦についてのレッテルの乱発についてどうして著作にする前にチェックされなかったのでしょうか。私の場合とは違って、不破氏には執筆協力者が周囲にいるはずです。この鼎談に登場する一人は、社会科学研究所の副所長です。彼らは「多少、おかしいと思っても」、何もいえないのでしょうか。おかしいと思う学力がないのかもしれません。周囲の人たちの元からの学力水準は不破氏の責任とは言えませんが、育て上げることが出来ないのは、彼の責任と言えるでしょう。下品な言葉を使えば「茶坊主」だけしか寄ってこないのです。

最後に、では包括的に捉えると、不破氏は何を主題にしているのでしょうか。何と対決して理論活動を続けているのでしょうか。

不破氏は、日本資本主義の現実と対決してきたのではなく、「マルクス・レーニン主義」と対決してきたのです。

不破氏が、敗戦の後に、共産党に入党し、共産党員として活動を開始したときに、彼に指導的な理論として提示され与えられていたのは「マルクス・レーニン主義」だったのです。その「マルクス・レーニン主義」とは、「国家はブルジョアジーの委員会である」とか、「ブルジョアジー独裁」「階級闘争」「暴力革命」をキーワードとする教条によって構成されていました。不破氏は、何を体験的あるいは理論的基礎としていたのかは分かりませんが、一九五八年に第七回党大会の直前に「社会主義への民主主義的な道」と題する論文を書いていました（第Ⅳ章、参照）。レーニンの「暴力革命」ではなくて「革命の議会的な道」を提起した、当時としては先駆的な論文でした。不破氏の理論的な出発点はここにこそあったのです。

「マルクス・レーニン主義」は、単にマルクスやレーニンの理論として存在していたのではなく、革命に勝利して国家権力を掌握したソ連邦と中国の二つの共産党という絶大な物質的力を基盤にしていました。ですから、それらとの対決でもあったのです（この苦闘の経過については、次の第Ⅵ章で取り上げます）。

論文「社会主義への民主主義的な道」が不破氏にとっていかに重大な意味をもっていたのかについては、不破氏は『レーニンと「資本論」』第5巻で意味深長な書き方で触れています。

「革命の議会的な道についてのマルクス、エンゲルスの理論がその真価を理解されるようになるには、それからさらに二〇年余の年月を必要としました」（三四六頁）。

「それから」の起点は「一九三五年のコミンテルン第七回大会」です。「革命の議会的な道」については、不破氏が何度も強調しているように、一九六七年に発表された「極左日和見主義者の中傷と挑発」という論文が大きな節目をなしたのですが、そのことを記憶している場合には、引用文中の「二〇年余」がひっかかります。六七年は三五年の三二年後だからです。「二〇年余」後にあったのは、不破氏は明示していませんが、五八年の「社会主義への民主主義的な道」論文に違いありません。このことについては、私は『不破哲三との対話』で詳しく明らかにしました（四一頁、六六頁など）。

日本共産党が「マルクス・レーニン主義」を克服する課題は、これだけ長い時間がかかったのです。しかも不破氏の場合には、それを「マルクスへの回帰」という形で行ったのです。そこに大きな限界があったのです。本来ならば、マルクスをも超克する道を探究しなくてはならなかったのです。

次章とのつなぎでもありますが、ここで、第Ⅰ章で確認した、共産党員の資質が大きく関係しています。共産党員の多くは、目的実現のために組織が必要で大切であることを意識していて、かつ理論の重要性について認識していると明らかにしておきましたが、不破氏が長年にわたって党のトップとしての位置を獲得・確保してきた最大の理由は、この理論重視の傾向の存在にこそあります。日本のトップ企業なら、経営戦略の考案とか巧みな人事管理能力などが最重要視されるでしょうが、共産党では理論提起こそが尊重されているのです。その理論の内実は二義的なのですが、とにかく理論に長けている人が指導者の第一の資格なのです。だから、不破氏や上田耕一郎が立派な指導者とされ、信望を得てきたのです。このことは、九〇年をこえる共産党の歴史がよく物語っていますので、次章で明らかにしましょう。

第Ⅵ章　日本共産党の歴史

本章では、日本共産党の歴史をごく簡略に整理します。

共産党は、一九二二年七月一五日に非合法下で、コミンテルン（＝第三インターナショナル）日本支部として創設されました。不破氏の『日本共産党史を語る』によると、「東京の渋谷の民家で開かれた最初の党大会」に「集まったのは八人の共産主義者でした」（上、二六～二七頁）。不破氏は八人の氏名を列記した後で「ほとんど明治以来の社会主義者でした」と書いています。今年、九三年となります。通観すると、いくつかの時期に区分することができます。

まず、創設から敗戦の一九四五年までの二三年間は戦前の時期です。

次の区分は、一九六一年の第八回党大会での綱領決定までです。この時期には「五〇年分裂」がありました。

この後の区分はどういう視点から見るかによって異なってきます。綱領に視点を定めれば、二〇〇四年の第二三回党大会での綱領の大改訂が区切りとなります。トップの指導者に焦点を当てれば、宮本顕治議長が引退し、不破哲三委員長がトップに位置することになる一九九七年の第二一回党大会です。

共産党自身の説明では、一九八二年の第一六回党大会で宮本は党創立六〇年に当たって、党史を「三つの時期」に区分していました。「戦前の二三年間」、「戦後の一〇余年間」、「綱領確定から今日まで」です。

最近は、「第三の躍進」というキャッチフレーズが出たり引っ込んだりしています。共産党は、二〇一三年六月の都議会選挙で八議席から一七議席に倍増し都議会第三党になり、七月の参議院選挙では三議席から八議席に躍進し、議案提案権を得ました。八月一〇日、神宮の東京青年会館で開かれた「日本共産党創立91周年記念集会」で、志位和夫委員長は、「〝第三の躍進〟を本格的な流れに」と題して講演しました。その場合、「第一の躍進」は一九七二年の衆議院選挙で四〇議席を得た時、「第二の躍進」は九八年の参議院選挙での大幅な議席増加（六議席から一五議席に）とされています。志位講演の一年前に、不破氏は同じ会場での「九〇周年記念講演」で、「第一次の躍進」を「四九年一月の総選挙」、「第二次の躍進（六九、七二年）」、「第三次の躍進（九六、九八年）」と話していました（『歴史から学ぶ――日本共産党史を中心に』二五頁、三二頁、三七頁）。それなら、今度は「第四の躍進」のはずです。志位氏は、一年前の不破講演を無視したことになります。

党勢のピークは、党員は八七年の第一八回党大会で四九万人（この前後の党大会では「五〇万近く」と発表）、「赤旗」読者は八〇年の第一五回党大会で三五五万人となっています。二〇〇三年に刊行された『日本共産党の八十年』の目次では、「一九六〇年代」以降は、一〇年刻みに「××年代」と章を立てています。『日本共産党の九十年』は三年経っても刊行されていません。なので、第二三回党大会での綱領の大改訂は公式の党史には記されていません。

1 戦前の二三年間——弾圧下で党を保持

戦前の二三年間については、前記の宮本の総括が基本的に踏襲されるべきでしょう。非合法下で創設された共産党に対して、国家権力は一九二五年に制定された治安維持法によって特高警察が逮捕・拷問で襲い掛かりました。宮本は、「平和と民主主義の戦士、歴史の開拓者として」と小項目を立てて明らかにしています。「日本共産党は逮捕につぐ逮捕にもかかわらず、また、少なくない変節者もでましたが、……日本の歴史に類をみない多数の戦士がつぎつぎに結集したのであります」（一七頁）。

治安維持法による弾圧の犠牲者の規模について、前にも引用しましたが、一九九〇年の第一九回党大会で、「記録されているだけでも死者一六八二人、逮捕・送検者七万五六八一人、未送検の逮捕者は数十万にのぼった」（一三二頁）と報告されています。党員作家の小林多喜二は一九三三年に拷問によって命を絶たれました。『日本共産党の八十年』では、この数字に加えて「予防拘禁や警察への拘留は、数百万人におよびました」（六六頁）と記されています。共産党員だけではなく、宗教者なども弾圧されたことを知らなくてはいけませんが、共産党が集中的弾圧にさらされたことを忘れてはなりません。根づよい「反共風土」のなかで共産党員は「アカ」として徹底的に嫌われ排除されてきたのです。

警察での拷問の様子を語る文献は少ないし、今では行われることはないので、宮本顕治の体験談を引用しましょう。宮本は、一九八九年に「天皇裕仁の死去と日本共産党の立場」と題するインタビューで、「三三年一二月に麹町署に逮捕された時のことを次のように語っています。特高課長が「『いい樫の棒があったからとってある』と。その樫の棒をもってきて、腕を後ろのいすに縛りつけて、拷問をやられたわけです。もちろん、一言も答えず、失神状態になるまでやられました。当然、歩けなくて、そのうえ手錠、足錠をかけて、毛布もくれない。留置場に一人おかれて、雪が窓から降りこむわけです。痛くもあるし、手錠も足錠もあるし、寒くもある。だから、眠れないわけです」（『宮本顕治著作集・第九巻』一二九頁）。ただ慄然とするだけです！『宮本顕治の半世紀譜』では「失神しそうになると、水をかけ、また、殴るという拷問をうけるが黙秘を貫く」と記されています（一二〇頁）。

天皇制の日本国家による戦争を阻止することが出来なかったことに焦点を当てて、共産党の闘いについて否定的に評価する傾向があります（丸山真男など）が、歴史に対してそういう姿勢で向き合うのは大きな誤りです。この点では、カール・ポラニーの次の言葉を十分に理解しなくてはなりません。「ある趨勢の究極的な勝利が、なぜ、その進行を抑制しようとする努力が無力であることの証拠とみなされなければならないのか。……変化の速度を落とさせたというまさにその点で評価されえないのか。……変化の速度は、変化の方向そのものに劣らず重要であることが多い」（『大転換』四九頁）。

『日本共産党をどう理解したら良いか』で明らかにしたように、鶴見俊輔は共産党を暗夜に輝く「北斗七星」に譬えました（一〇頁）。

理論的レベルでは、コミンテルンの指導下にあり、初期にはトロツキーやブハーリンの著作も刊行され読まれていましたが、一九二四年のレーニン死後の党内闘争を経てスターリンが全一的に主導するようになるに従って、その影響を強く受けることになりました。マルクスは早くから流入し、『資本論』も翻訳されていましたから、経済学や歴史学を専攻する研究者も活動を展開しました。その成果の一つが、『日本資本主義発達史講座』です。野呂栄太郎・服部之総・羽仁五郎・平野義太郎・山田盛太郎らを中心にマルクス主義理論家を結集して一九三二年から翌年にかけて全七巻が岩波書店から刊行されました。講座派という名称は、この集団的労作に由来しています（この流派と対抗したのが、雑誌『労農』に寄ってきた、社会党系列の労農派です）。共産党は、対決・打倒の対象を「絶対主義的天皇制、軍国主義日本」と規定し、「ブルジョア民主主義革命をつうじて、社会主義をめざすという方向」（第一六回党大会、一六頁）を提示していました。

2　敗戦後の一〇年余

一九四五年八月一五日、天皇の玉音放送によって敗戦が告知され、九月二日の米艦船ミズリー号上での降伏文書への署名によって、日本は敗戦を公式に国際的に明らかにしました。一〇月一〇日に、投獄されていた徳田球一、志賀義雄、宮本顕治など共産党員は保釈され、GHQ（連合国総司令部）の占領下で共産党は活動を合法的に開始しました。不破氏によれば、「この時、自由を得た政治犯は全国で約三〇〇〇名、そのうち共産党員は約二二〇名でした」（『日本共産党史を語る』上、一二八頁）。

戦前期について、治安維持法による弾圧に触れましたが、共産党の党史を問題にするさいには、国家権力による弾圧について、けっして見落としてはなりません。以下のいくつかの節に及んでいるので、あらかじめここではっきりさせたいと思います。党員に対する公安警察の弾圧は、尾行、党大会の盗聴、党内へのスパイの潜入などさまざまに加えられ、党大会で報告されることがあります。例えば、一九六六年の第一〇回党大会では前大会以後「公安調査庁などのスパイ工作は数百件以上」（一〇九頁）と報告され、「大会会場に盗聴器」がセットされていました（一四七頁）。七三年の第一二回党大会では前大会以後「党は、数十名のスパイを摘発しました」（一〇五頁）と報告されています。大会は、公共の施設を借りて開催されていましたが、一九七七年の第一四回から伊豆の党学習会館で開かれるようになりました。八六年には、国際部長の緒方靖夫氏の自宅に盗聴器が仕掛けられていたことが話題になりました。なお、創価学会が一九七〇年に宮本顕治宅を盗聴し、八八年に創価学会側の敗訴が確定しました。

共産党は敗戦直後、四五年一〇月二〇日に「アカハタ」を再刊し、一二月に第四回党大会を開きました。四六年二月の第五回党大会では党員は約六八〇〇人、「アカハタ」は二〇数万でした（『日本共産党の八十年』七四頁）。「アカハタ」第一号冒頭の「人民に訴う」の声明で「天皇制打倒」を主張したことは、第Ⅲ章で記しました。

四六年四月に女性にも初めて投票権が与えられて実施された衆議院選挙で、共産党は約二一四万票

（得票率三・九％）を得て、五人の当選を果たしました。戦後労働運動の高揚のなかで、四七年には二・一ゼネストが組織されましたが、GHQによって禁圧され不発に終わりました。共産党は、同年一二月に第六回党大会を開きました。当時は「アメリカ占領軍のもとで、占領政策にたいする批判はいっさい禁止され、大会決定をふくめ、公表文書は、すべて占領軍の厳重な検閲のもとにおかれていました」（同、九三頁）。

敗戦直後の共産党の活動については、見落としてはならない重大な問題をはらんでいました。GHQあるいは占領軍の評価についてです。第四回党大会での徳田球一の報告で「連合軍はわれわれの敵ではない。のみならず民主主義革命の有力なる味方であり、われわれにとってまさしく解放軍そのものである」とまで強調していました（田川和夫『日本共産党史』三八頁から重引。徳田球一『内外情勢と日本共産党史の任務』真理社、二五六頁）。この認識は、前記の「人民に訴う」にも表現され、野坂参三の「平和革命論」として知られていました。この認識には、一〇年余にわたる長期の獄中生活から「解放」されたという事情だけではなく、第二次大戦でソ連邦が連合軍に参加したことや当時のコミンテルンの方針に強く影響されたものでした。

この「解放軍」規定について、一九七二年に刊行された『日本共産党五十年』では、「党再建の第一歩として、まず、最初に出獄した徳田、志賀らは、『赤旗』再刊第一号の発行を準備した（一〇月二〇日発行）」（一〇〇頁）と書き、三頁先で「いくつかの重大な弱点」として、「徳田、志賀らの連名で発表された『人民に訴う』は、占領軍を『ファシズム及び軍国主義からの世界解放』の軍隊と特徴づけ、この評価は、第四回党大会、第五回党大会でも基本的にひきつがれた」（一〇三頁）とまで明らかにしていました。この「人民に訴う」がどこに掲載されたのかを隠していることは問題ですが、「重大な弱点」は切開されていました。さらに、「第五回党大会の『大会宣言』〔の〕革命の方法」について、「占領軍の統治下でも、平和的、民主的手段による民主主義革命の達成が保証され、さらには社会主義革命への発展さえも可能であるとする、日和見主義的見地におちいっており、ここにそのもっとも重大な誤りがあった」（一〇三～一〇四頁）と明らかにしました。「日和見主義」というレッテルは、共産党周辺の世界ではもっとも唾棄すべき最悪の悪罵です。

ところが、一〇年後の『日本共産党六十年』では、「『赤旗』の一号、二号の内容は、党の集団的方針ではなく、徳田らの個人的グループ的見解を表明したものであった」（一〇〇頁）と処理され、「人民に訴う」には言及せず、「一号、二号の内容」についてはまったく触れなくなり、「重大な弱点」や「重大な誤り」は消失してしまいました。逆に、「第四回、第五回党大会できめた日本共産党の諸方針は、……日本の政治のすすむべき基本方向を正しくしめしていました」（一〇三頁）と結論しました。この改変は、自らの弱点・誤りを隠蔽する歴史の偽造です。ここまで論述したのは、次に取り上げる問題と深く関連しているからです。

この「解放軍」規定の問題について、上田耕一郎は、前記の絶版にされた『戦後革命論争史』で、厳しく批判的に明らかにしています。上田は、野坂参三が「徳田〔球一〕・志賀〔義雄〕とならんでいわゆる『三巨頭』の一人となり……占領下革命論を体系化することに大きな役割を果した」（上、三四頁）と紹介した後、「人民に訴う」から「……連合国軍隊の日本進駐によって日本に於ける民主主義革命の端緒が開かれたことに対して我々は深甚の感謝の意を表する」を引き、「この規定の欠陥はよく思われているように連合軍を『解放軍』として評価したことそのものにあったのではなく、解放軍としての連合軍の政策が、日本では帝国主義アメリカの単独占領によっておし進められたという特殊性の評価、そこから生まれるすべての危険性の評価がまったく欠けていた点にあった」と踏み込んで批判し、「この二人の規定の当否よりも、戦争中いうにたりる規模の反戦運動をついに組織することができず、……共産党自身の、ひいては日本の民主主義運動の歴史的な弱さにあった」（上、三五頁）と明らかにしました。上田は、「当時の『赤旗』に満載されている手放しの解放軍規定」（同）とまで書いています。私を含め当時を知らない人にとっては、貴重な情報です。

話が飛ぶことになりますが、第Ⅳ章で、この『戦後革命論争史』の刊行に関して一九八三年七月に不破氏と上田がそろって「自己批判」論文を発表したことに触れました。二人とも八二年末に刊行された『日本共産党の六十年』との関係で「反省」が必要となったと書いていたのですが、その核心はこの「解放軍規定」問題にあったのです。二人とも『日本共産党の六十年』の何が問題だったのかを具体的に例示していないので、私は今まで気づかなかったのですが、前記のように、『日本共産党の六十年』では『日本共産党の五十年』でのこの点の評価を一八〇度転換したので、『戦後革命論争史』の記述を抹殺する必要が生じたのです。だから、後年、不破氏は後述のように「もやもや」としか書けなくなったのです（本書、一八二頁）。

話を戻しますが、一九五〇年に共産党は内外から衝撃的な打撃を加えられました。

まず、五〇年年頭一月六日にコミンフォルムが日本共産党に対して突然、「日本の情勢について」を発表しました。コミンフォルム（＝共産党・労働者党情報局）とは、コミンテルンが四三年五月に解散した後（最後の大会は一九三五年）、その代替組織として一九四七年九月に創られていました。コミンフォルムの論評の内容は、「有名な活動家野坂（岡野）」の名を上げ、「野坂は、アメリカ占領軍が存在する場合でさえも、平和的方法によって日本が直接社会主義に移行することが可能であるというような、ブルジョア的な俗悪な意見をいうまでになった」（『日本共産党史を語る』上、二五〇頁。二四九頁も）と批判しました。野坂批判に全文の約四〇％を割いています。

コミンフォルムの論評に対する動向については、不破氏が前記の著作で踏み込んで明らかにしています。「〝論評〟を受けた党中央の対応」として、「党中央が発した第一声は、それは『敵が流した挑発的なデマだ』というものでした」（上、一九六頁）。「九人の政治局員のなかで、批判を基本的に受け入れるべきだと主張したのは宮本さんと志賀（義雄）の二人だけで……結局、一月一二日、批判の受け入れを拒否する政治局の『所感』を発表しました」。「所感」は「指摘された誤りはすでに克服されている」と強弁しました。そして徳田らは、武装闘争路線を取り、「中核自衛隊」や「山村工作隊」を作りました。徳田は中国共産党を頼って北京に渡り、「北京機関」を作りそこから国内に指令を発しました。「所感」（派）に反対する宮本は「国際派」を組織しました。以後、党内は混乱し、「アカハタ」は発行を持続しましたが、正常ではない事態が続きました。これが「五〇年分裂」です。その一端が、

第Ⅳ章で取り上げた「東大リンチ事件」です。

コミンフォルムの論評の狙いは、一九四九年四月にアメリカのワシントンで北大西洋条約（NATO）が締結されるなど米ソの蜜月が終わり、対立が顕在化する動向のなかで、アメリカへの批判を強調し、日本共産党を反米闘争に向かわせることにありました。

不破氏の党史では、前記のように踏み込んでいる部分もあるのですが、『日本共産党六十年』に従って、「解放軍」規定をめぐる問題についてはあいまいです。「第二講　戦後四〇年代」の終わりで「この軍隊を本質的に『解放軍』だと性格づけてしまっていいのかというと、そこには大きな問題がありました」（上、一三七頁）と簡単に触れていますが、「第三講　『五〇年問題』」では「解放軍」には触れず、当時の自分を次のように回想しています。

コミンフォルムの「批判の内容は、アメリカ占領軍にたいする態度の問題で、昨四九年来もやもやした気分でいた私たちにとっては、そのもやもやを一気に吹き払うような明快さがありました。さすがスターリンだ、日本の情勢も、そこでの私たちの悩みもよく知っている、ことの根底をついた助言だ――、それが率直な感想でした。これが、のちに問題となってくる武装闘争方針につながってくるなどとは、夢にも思いませんでした」（上、一九五頁）。

まことに「率直な感想」だと思いますが、「もやもや」の中身は何かについては一言も説明していません。読む方が「もやもや」させられるだけです。前述の八三年の「自己批判」に縛られているからでしょう。『戦後革命論争史』とは大違いです。

最後の一句は賢明な不破氏にしてはあまりにお粗末としか言いようがありません。この本に資料として収録されている「コミンフォルムの論評」を読めば、「平和革命」が強く批判されているのですから、その反対側には「武装闘争方針」を読み取ることができたはずです。だから、所感派は「武装闘争方針」に突っ込むことになったのです。「批判を基本的に受け入れるべきだと主張した」（不破氏前記引用）宮本が、「武装闘争方針」に与しなかったのはなぜか不明です。徳田らとの以前からの確執が尾を引いているのかもしれません。

「コミンフォルムの論評」と並行してもう一つの衝撃が五カ月後に共産党を襲いました。ＧＨＱの動向です。講和会議を前に日本を軍事同盟の属国にする方向に対日占領政策を転換したＧＨＱは、六月六日に徳田球一ら共産党中央委員二四人の公職追放を命令し、「アカハタ」を発行停止としました。共産党は、「ふたたび半非合法の状態に追い込まれました」（上、一九八頁）。夏以降、全国的に「レッドパージ」の嵐が職場の共産党員活動家を襲い、一万人を超える労働者が失職しました（不破氏は「レッドパージ」には触れません）。不破氏は「中央委員会の『六・六解体』」と項を立てて、この公職追放に対して、徳田らが「党中央委員会の解体の強行という暴挙に打って出」たことに焦点を当てて説明しています（上、一九八頁）。こうして、分裂は拡大していきました。

五五年に開かれた六全協（第六回全国協議会）で分裂は一応は修復しましたが、四七年の第六回党大会から第七回党大会（五八年七月）までは一〇年七カ月経っていました。なお、共産党の文献では「五〇年問題」とされていますが、宮本は「五〇年分裂」とも書いています（第一六回党大会、二一頁）。

3　六一年綱領の確定

次の画期は、一九六一年の第八回党大会における綱領の確定です。三年前の第七回党大会ではいくつかの論争点で決着がつかず、第八回党大会で決着しました。「五〇年分裂」を克服したと言えます。その内容に進む前に、六〇年代では、戦前の「反共風土」もなお強く残り、選挙で共産党の候補の名前を書く時に手が震えたという、今では信じられないケースも少なくなかったことを知らなくてはなりません。そのような状況を突破して、その後の動向を先取りすると、共産党の党勢は、八〇年の第一五回党大会に「赤旗」読者が三五五万人まで拡大し、党員は八七年の第一八回党大会に四九万人に達しました。国会議員のピークは一九七二年の衆議院選挙で四〇議席、九八年の参議院選挙で一五議席（非改選が八議席）です。

不破氏は、前著の「第四講　第七回・第八回党大会と六〇年代」で、「一、第八回党大会まで」として第七回党大会は飛ばしています。その最初の項目は「『五〇年問題』の三つの教訓」で、以下の三点をあげています。「第一は自主独立の立場」、「第二は武装闘争路線の誤りが決定的に証明された」こと、「第三は党の統一と団結をまもること」です（上、二五九頁）。第一と第三とは、深刻切実な体験に踏まえたもので、この確認は正当だと考えますが、「第二〔の〕武装闘争路線の誤り」については、深刻さの度合いは同じように深いとしても、それが「決定的に証明された」とまで書くのは大きな疑問です。経験的には「武装闘争路線の誤り」を拒否したにしても、理論的にはその誤りの根源への切開はほとんどなされなかったからです。もし、「決定的に証明された」というのなら、どうして〝武装闘争〟の可能性も含意する「敵の出方」論がその後も長く尾を引いたのでしょうか。不破氏は、「三つの教訓」の中間にレベルの異なる論点をくるんで、この点の理論的切開を回避しているのです。

自主独立と党の団結という作風レベルの教訓とは別に、理論的に第七回党大会と第八回党大会で論争点になったのは、①日本資本主義をどう捉えるかという問題、②当面する革命の性格をどう規定するか、③その革命の形態は何かという三つの根本的な問題でした。前記の「武装闘争路線」の是非は③の論点です。

不破氏は、「党綱領決定のさいの大討論」の項目で、「反帝独立の課題」、「民主主義革命の問題」を論点としてあげ、「対米従属の評価」とからんで「社会主義革命」論を主張する傾向もあったが、『反独占』の民主主義革命があるという展望を確立し」（上、二六八頁～）たと整理しています。しかし、この不破氏の整理では、②については不破氏なりの内容が書かれていますが、①についてはきわめて不鮮明です。当時は「日本帝国主義」自立論などが共産党の内外で論じられていました。宮本は第八回党大会で、党内に「従属的な帝国主義国であるという見解がある」（『日本革命の展望』二五頁）とか、「帝国主義は経済的には独占資本主義であるという意味において、従属的帝国主義ということも不可能ではない」（同、三三頁）と報告していたし、一九六六年の第一〇回党大会では、「対米従属下の軍国主義・帝国主義の復活」としていました（一六頁）。しかし、不破氏はそれらに触れません。不破氏は

『資本論』解釈では多弁ですが、日本資本主義論は語りません。③は問題意識になっていません。というよりは、逃げているのでしょう。

私のこの本では、①については論究できていませんが、②③については、別章で取り上げています。

こうして、第八回党大会は、綱領を決定して、野坂参三議長・宮本書記長の最高幹部の態勢を整えて、「五〇年分裂」に終止符を打って、スタートしました。「党員数は第七回大会当時の二倍をはるかにこしている」、「アカハタ本紙は二倍をこしている」（七四頁）として絶対数は公表されませんでした。第七回党大会でも、党勢は発表されていませんが、志位和夫委員長が二〇一二年の党創立90周年記念講演会で、第七回党大会では「党員数は三万六千人、読者数も四万七千人」と話しました（「赤旗」二〇一二年七月一九日）。一九七〇年の第一一回党大会で、第七回党大会いらい、「党員数約九倍、『赤旗』読者約四〇倍」と発表されました（一六〇頁）。同じく、志位講演では「三〇万」と「一八〇万」とされています。

ところで、志位講演を引いたので、関連して明らかにしたほうが良いことに気づきました。志位氏は、「第七回党大会以降の党づくりの努力に学ぶ」と章を立てて、「戦後の党づくりには、曲折があります。きょうは、今日にいたる党づくりの礎石、土台を築いた一九五八年の第七回党大会以降の党づくりの努力に学びたいと思います」と話していますが、そこでは六一年綱領を決定した第八回党大会にまったく触れません。これは、前記の不破氏の『日本共産党史を語る』とまったく逆です。不破氏は、第七回党大会を飛ばして第八回党大会に光を当てたのです。明らかに不破氏のほうが正確です。

同じく、二〇〇〇年代の党史についても両者は対極です。普通なら、本稿でも繰り返し明らかにしているように、綱領を大改訂した第二三回党大会のほうに重点を置くのに、志位氏はその前の第二二回党大会での規約改正の方を重要視しています。規約改定で「それまで使っていた『前衛政党』――懐かしい言葉ですが（笑い）――という規定を削除しました」と笑いを誘っています。これまたおかしな話だと思います。話を元の流れに戻しましょう。

4　政策活動に踏み出す

不破氏は、続けて「二、六〇年代――綱領路線にもとづく開拓的な努力」として、自分の活動と重ねて「政策活動への具体化」が進んだと明らかにしています。なかでも「政策活動のなかでのエピソード」として紹介されている以下の事実は重要な意味をもっていたと言えます。

一九六八年頃に、「都市政策」を打ち出すことに迫られ、「〝今度、党の都市政策をつくるつもりなので、知恵を貸してほしい〟とお願いしたら、長老格の一人が、即座に『そういうことには賛成できない』というのです。『そんなものを出したら「構造改革」論のような改良主義になる』が理由です。『しかし、あなたは、どこそこの自治体でこういう御仕事をされているではないか』と反問すると、『あれは、自分の良心をおさえて、心ならずもやっているサイド・ワーク（内職）です』の答えが返ってきました」（上、二八四頁）。

もう一つは、京都に蜷川虎三革新府政があった六五年頃に「自治体シンポジウム」を開いた時の話です。「府の予算にどういう態度をとっていますか」という不破氏の質問に、京都の代表は「毎年反対しています」と答えました。不破氏が重ねて「でも、共産党は知事の与党でしょう」と突っ込むと、「野党の自民党が賛成にまわりますから、その〔予算不成立〕心配はありません」（同、二八六頁）と応じました。

これが、当時の共産党の水準だったのです（新左翼は地方自治体議員もほとんどいないので、その水準にも届いていません）。

その後、共産党は、この政策提起の成果として一九七三年の第一二回党大会で「民主連合政府綱領」を提起し、七六年の第一三回臨時党大会で「自由と民主主義の宣言」を採択しました。

5　ソ連邦共産党、中国共産党との熾烈な闘争

政策活動に焦点を当てたので、一九七六年まで進んでしまいましたが、第八回党大会からここまでの時期には、共産党にとってはきわめて大きく深刻な闘いを経なくてはいけませんでした。ソ連邦共産党と中国共産党とが別個に、日本共産党にきわめて大きな規模で自らの党の狙いに従わせるための干渉を加えてきたのです。不破氏は、前著の「第五講　二つの干渉主義との闘争」で克明にその実態を暴露しています。この問題については、すでに第Ⅳ章で取り上げていますから、簡単に説明します。

ソ連邦共産党による干渉は、一九六三年のアメリカ、ソ連邦、イギリスの三カ国による部分的核兵器禁止条約をめぐるものでした。当時、日本共産党が中国共産党に近かったことは、一九五九年三月に「アカハタ日曜版」が創刊された時に創刊号の題字右横に「人民中国」と『人民画報』の広告が掲載されていることにも示されています（『党史を語る』上、二七六頁に写真掲載）。一九六四年と六五年に病いを得た宮本が二度も中国の海南島で療養生活を送っていたことでも明らかです（『半世紀譜』一八六頁）。信頼を寄せない「敵地」に療養に出かける人はいません。

第Ⅳ章で見たように、三カ国が部分的核兵器禁止条約に仮調印したこの年八月に、同時に開催されていた原水爆禁止世界大会で、共産党系と社会党・総評系が分裂しました。中国共産党寄りの立場に立っていた日本共産党は、この条約に反対の立場を表明していました。

ところが、ソ連邦共産党に同調する衆議院議員だった幹部会員（九人）の志賀義雄が、翌六四年五月の国会での同条約の批准にさいして党の方針に反して賛成の白票を投じ、この志賀らの行動をソ連邦共産党は直ちに支持し、参議院では幹部会員の鈴木市蔵が賛成票を投じました。七月には「日本の声」が創刊され、「日本の声」派がつくられ、これをソ連邦共産党が全面的にバックアップしました。不破氏は、ソ連邦崩壊後に入手した秘密文書を克明に調べて、その全容を「ソ連の干渉作戦の真相」として明らかにしています（下、二一九頁～）。一九六二年に「文化代表団」という形で日本を訪問した「ジューコフ代表団」が実は、日本共産党の内情を探り、協力者（＝内通者）を作り上げる工作を任務としていたものでした。日本共産党への工作に国家の外交手段をも利用するほどだったのです。資金援助も行われました。或る手紙には必要額として「月二〇〇〇万円、三年間、七億二〇〇〇万円」という数字が書かれていたということです（同、三九頁）。実際にいくら渡ったのかは分かりませんが、桁外れの額と言ってよいでしょう。

その後、次に見る、日本共産党と中国共産党との対立の発生と拡大を転機に、ソ連邦共産党は方針を転換し、途中の経過は省きますが、六六年六月にソ連邦共産党の准政治局員が日本共産党を訪問し、六八年一月に政治局員スースロフが来日して日本共産党の代表団（代表：宮本）と会談し、さらに一一年後の七九年一二月にモスクワで両党首脳会談が開かれ（団長：宮本委員長）、「ブレジネフ書記長自身が、過去の干渉の誤りを認め、今後こうした行為をおこなわないことを約束したのです」（同、五一頁）。こうして、両党の関係は修復されました。

中国共産党との対立についても第Ⅳ章で取り上げました。経過は省きますが、一九六六年に中国を訪問した日本共産党代表団は、毛沢東の理不尽な要求を拒否し、中国共産党との関係を「決裂」せざるを得ませんでした。その後、中国共産党は、ソ連邦共産党と同様に、日本共産党に対する批判やいわゆる「中国派」に対する援助なども強力に展開しました。不破氏はその経過を明らかにしていますが、どういう理由からか、「ソ連派」の場合には人名を上げていたのに、「中国派」については、組織の名称も人物もまったくあげていません。さらに、その後、両党の関係がどうなったのかについて、この第五講ではまったく触れません。

中国共産党との和解については、「第七講〔最終講〕国際政策と野党外交」の「二、中国共産党との関係正常化」で明らかにしています。ソ連邦の崩壊から七年以上も後に、九八年七月に不破氏らが訪中して北京で三二年ぶりの首脳会談が行なわれ、関係を修復しました。二〇〇二年八月にも、不破氏は訪中し江沢民総書記・国家主席と首脳会談しました。その記録は「赤旗」に四四回も連載され、『北京の五日間』として出版されました。

ソ連邦と中国の共産党から加えられた「干渉」は破壊工作とも言えるもので、第Ⅳ章でも引用しましたが、不破氏は「ソ連および中国という二つの大国の政権党による乱暴な干渉攻撃との闘争」は、「文字通り党の存亡をかけた戦いでした。……私たちの党を鍛えた戦いでした」（『時代の証言』七七頁）と総括しています。

共産党員ではない人にとっては、他人事とも言えますが、共産党はこれほどまでの凄まじい「干渉」＝破壊工作にさらされ、それを跳ね返して党として成長してきたことについて、認識し理解することが大切だと、私は強く考えます。

6　ソ連邦崩壊後に生き残った政党

その後の共産党の歩みについては、本書では省略します（巻末の資料を参照してください）。一つだけ、一九九一年末のソ連邦崩壊という世界史的な出来事の後に、共産党が左翼の諸勢力のなかで唯一その骨格を保持して生き残ったことについて、はっきりさせなくてはなりません。

一九一七年のロシア革命によって誕生したソ連邦は、二四年一月にレーニンが病没した後に、党内闘争を経て、トロツキーが二九年に国外追放され、スターリンが主導することになりました。一九三〇年代には数百万人の犠牲者を生み出した「大粛清」が強行され（五〇万人説から七〇〇万人説に至るまで諸説あり）、第二次大戦では連合国側に与してドイツに勝利しましたが、国内の政治は官僚制に蝕まれ、〈党主政〉へと変質していきました。大戦後に東ヨーロッパ諸国での社会主義への進展を基礎にいわゆる「社会主義圏」を形成し、ソ連邦はその盟主として、アメリカ帝国主義と対立してきましたが、社会主義の大義に反する「他国への軍事行動」を一九五六年にはハンガリー事件として、六八年にはチェコスロバキア事件として起こし、世界各国でソ連邦共産党への批判を引き起こしました。ハンガリー事件の半年前に開かれたソ連邦共産党第二〇回党大会でのフルシチョフ書記長による「スターリン批判」は、各国の社会主義運動に衝撃を与え、加えてハンガリー事件によって批判は加速され、日本では新左翼党派の誕生となりました。

一九八〇年代にゴルバチョフ書記長によるペレストロイカの展開によって、社会主義に向かう復元力の発揮が期待されましたが、結局は九一年八月にソ連邦共産党が解散し、同年末にソ連邦が解体されました。

これを契機に全世界的に「社会主義の敗北」「資本主義の勝利」の大合唱が起き、各国で共産党などが解体・衰退しました。日本でも広く「社会主義離れ」が生じ、マスコミがこの傾向を助長しました。大学から「社会主義」を冠する学科が姿を消し、学会の名称から「社会主義」が外され、軽薄な研究者は「社会主義」を口にしなくなりました。この流れのなかで、一九九六年には社会党が三分解し、社民党、新社会党がつくられました。新左翼諸党派は、内ゲバに陥没する党派もあり、すでに七〇年代初めから勢いを失っていましたが、ソ連邦の解体が拍車をかけることになり、全体として衰退しつつあります。

このような左翼勢力の全体的な後退・衰退のなかで、共産党は、第Ⅴ章でも明らかにしたように、一九九一年八月二四日のソ連邦共産党の解散に対して、九月一日に常任幹部会声明「大国主義・覇権主義の歴史的巨悪の党の終焉を歓迎する――ソ連共産党の解体にさいして」を発表し、「もろ手をあげて歓迎すべき歴史的出来事である」と断言しました。その前日に宮本顕治議長は「毎日新聞」のインタビューに「ソ連共産党の解体〔を〕双手をあげて歓迎する……かぎりない喜びです」とまで語りました（『宮本顕治著作集・第九巻』一八三頁。『日本共産党の七十年』下、四〇九頁では「かぎりない喜び」は削除）。宮本は一一月に開かれた赤旗まつりで「腰を抜かすな」と号令を発しました。この断固たる姿勢の表明によって、共産党は解体した社会党とは対照的に組織の骨格を保持し、逆に社会党支持者を取り込むことも含めて、九六年一〇月の衆議院選挙と九八年七月の参議院選挙で前進しました。

世界の他の国の共産党の例を見ると、全体的にフォローすることは誰もしていませんが、革命に勝利して国家権力を掌握した中国やキューバやベトナムを除いて、国内政治に一定の位置を保つイタリア共産党は九一年初めに解体し、フランス共産党は衰退しました。ただ一つ、日本共産党だけが勢力を保持したことは特筆に値いします。なぜ、それが可能だったのでしょうか。その一つの根拠は、前記のように共産党が「干渉主義」との闘争によって、「自主独立」を確固たるものとして蓄積していたことにあります。同時に日本の新左翼が「スターリン主義批判」を明確に打ち出し、それを追認する形で、共産党もスターリンへの批判を展開したことです。不破氏は、一九八二年に『スターリンと大国主義』を著しました。なお、この著作では、レーニンへの批判はまったくありませんでした。不破氏がレーニンへの批判を口にするようになったのは、第Ⅳ章で見たように、一九九七年からです。

以上に経過を簡略に明らかにした共産党の歩みが何を意味するのかについて、明らかにしなくてはなりません。経過を知るよりも、その意味を掴むことのほうが遥かに重要だからです。

7 「五〇年分裂」と二つの「干渉」の歴史的背景

まず、2節で明らかにした「五〇年分裂」は、敗戦と外国軍の占領という、日本史では経験したことがない初めての事態の時期に起きたことをしっかりと理解しなくてはなりません。もともと、日本では民主政の経験はきわめて浅く、政治的権理の意識や経験は根づいていませんでした。共産党だけが突出して民主的であることはできませんし、十分な備えが整っていたわけでもありません。共産党指導部の年齢は、一九四五年には野坂五三歳、徳田五一歳、志賀四四歳、宮本三七歳でした。

もう一つの国際的背景は、四九年一〇月に中国で毛沢東率いる中国共産党が主導して革命が勝利したことです。周知のように中国と日本は「一衣帯水」の隣国であり、歴史的、文化的なつながりも深い上に、一九三一年の満州事変いらい、日本が植民地侵略した対戦国でもあったのです。侵略と派兵ではありましたが、人的「交流」が深い関係にありました。中国革命の勝利は、毛沢東が「マルクス主義」を主張したことによって、広く日本にも影響を与えました。戦時中の八路軍による日本兵への人道的扱いも中国革命への共感を生み出す契機になりました。現在でも「中国帰還者連絡会」が存続しています。上田の『戦後革命論争史』によれば、特に、中国共産党の劉少奇が四九年一一月に北京で開催されたアジア・大洋州労働組合代表者会議で行った開会の辞で「武装闘争」を呼びかけたことが決定的な影響を及ぼしました（上、一六九頁）。

共産党がコミンテルン日本支部として創設されたことにも明らかなように、日本における社会主義運動はソ連邦の強い影響の下に活動してきました。日本の社会主義運動史を整理する余裕はありませんが、社会主義の本流はソ連邦であり、その理論的支柱はマルクス主義、あるいはマルクス・レーニン主義だと左翼のなかでは考えられていました。前記のように、中国革命の勝利によって、毛沢東もそこに加わりました。

日本とロシアとの関係は、江戸時代から始まった程度で、中国とは比べものになりません。それでも一九一七年のロシア革命の勝利によって、共感も生み出され、ロシア文学が浸透してきました。トルストイの『戦争と平和』は、一九三〇年頃に米川正夫によって翻訳され、ロシア革命の歴史的背景を教えられました。戦後は、ロシア民謡も広く歌声運動のなかで唱和されました。

このように、ロシア＝ソ連邦や中国と、日本の社会主義運動は深いつながりをもっていたのです。だからこそ、国家権力を掌握するに至った二つの共産党から加えられた批判＝干渉は日本共産党にとって大きな出来事となったのです。関係が小さく浅いものなら、その影響も大きくはなりません。しかも、日本社会全体が外来の思想・理論を受け入れるさいに、権威主義の傾向が強く、左翼のなかでは、マルクスやレーニンに拝跪する習性が幅を利かせていました。

問題を複雑にしたのは、第二次大戦の対立構造と日本では敗戦後の軍事占領という新たな事態でした。従来は、コミンテイルンでは植民地支配されている国の場合には「民族独立革命」が主要には「武装闘争」を軸に考えられていました。一九五一年九月八日に締結されたサンフランシスコ講和条約によって、GHQの占領支配に終止符が打たれ、日本は「独立」しました。しかし、同時に締結された日米安保条約と日米地位協定によって「対米従属」という新しい鉄の枠をはめられました。括弧付きの「先進国」でありながら、アメリカには従属するという、かつてない新しい事態に対して、どのように立ち向かったらよいのか、日本共産党にもコミンテイルンにも用意された解答はありませんでした。

8 「五〇年分裂」で問われた理論的問題

「革命」を意識する場合、直ちに直面する基本的問題は、①その革命の対象は何か、②その革命の方法は何か、③革命後の社会をどう構想し建設するのか、という三つの課題です。①は、別言すれば日本資本主義をどのようなものとして捉えるかという問題であり、革命の性格に直結していますし、②

は革命の形態と言ってもよいです。これと直結して革命を領導する前衛党がどうあらねばならないか（組織論）も大きな課題です。③は社会主義論でもあります。

「五〇年分裂」の時に党の分裂まで賭けて大きな問題となったのは、「コミンフォルムの論評」で強調された、アメリカをどう評価するかと、それと直結している「平和革命」の是非でした。①と②の問題です。

途中の経過は省きますが、「五〇年分裂」に終止符を打つ節目となった一九五八年の第七回党大会で、宮本が行った「綱領問題についての報告」で二つの根本問題について、①については「わが国を支配しているのは、アメリカ帝国主義とそれに従属的に同盟している日本独占資本の勢力である」（一一八頁）として、②については「反動勢力の出方によって」（一二八頁）として決着を付けたのです。②についてはここではまだ「敵の出方」論とは表現されていませんでした。一九七〇年の第一一回党大会では「人民的議会主義」と創語して武装闘争の道を封じました。不破氏は、一九七〇年末に『人民的議会主義』で「敵の出方」論についても説明しました。

つまり、「五〇年分裂」で問われていた問題は、マルクス主義、あるいはマルクス・レーニン主義の革命論の根本問題だったのです。その有効性が問われていたのです。そして、日本共産党によるその解決が本当に正しかったのかどうかが、今日なお問われ続けているのです。というのは、前記の「わが国を支配しているのは、アメリカ帝国主義とそれに従属的に同盟している日本独占資本の勢力である」という認識は、六一年綱領でもほとんど同一の文言で書かれていましたが、二〇〇四年の綱領大改訂によって、「わが国を支配しているのは」という根本的視点が削除されてしまったからです（代わって、「日本の政治制度（は）主権在民を原則とする民主政治」になったとされました）。誰が「支配しているの」かというこの視点こそ、マルクス主義の根幹をなす「階級国家」論の要です。今や、その根本が消滅してしまったのです。もう一つの「敵の出方」論と一対をなす「人民的議会主義」は、第一一回、第一六回、第二〇回、第二三回の党大会ではごく簡単に記載されていますが、二〇〇六年の第二四回党大会からは使われなくなりました。「敵の出方」論は、第Ⅳ章で触れたように、不破氏が二〇〇〇年に『レーニンと「資本論」』で継承しているかに書きましたが、以後は見たことがありません。この二つの言葉は死語になったと見てよいでしょう。

最近は、志位和夫委員長を初め、「赤旗」でも「立憲主義」が盛んに肯定的に主張されています。戦争法案の最終局面で、参議院本会議で小池晃副委員長も「立憲主義の破壊、法の支配の否定だ」と主張しました（「東京新聞」九月一九日）。「赤旗」の報道ではこの部分は省略されました（九月二〇日）。戦争法成立直後に開かれた第四回中央委員会総会で確認された「『戦争法（安保法制）廃止の国民連合政府』の実現をよびかけます」では、「立憲主義、民主主義、法の支配というわが国の存立の土台」と明らかにされました。しかし、綱領には「立憲主義」も「法の支配」も登場しません。この二つの言葉を肯定的に使うということは、マルクス主義の根本をなす「階級国家」論を捨てることを意味するのです。「社会あるところ法あり」とする法学を摂取することが求められているのです。ここまで到達した時に、「五〇年分裂」で問われた問題の真実の理論的解答が明らかになるのです。

「法の支配」は中世のイギリスで明確にされていらいの法学の慣用句です。「立憲主義」は古代ローマで発展をみた自然法思想に由来するもので、一八世紀のフランスで定着しました。それらよりは「法拠統治」のほうが適切です。「支配」は「階級支配」に直結し、「立憲主義」を使用する論者のなかには「国民＝市民は憲法を守らなくてもよい」とする理解を忍ばせている場合があるからです。

9　二つの共産党による干渉をはねのけた闘いの意義と限界

5節で取り上げたソ連邦共産党や中国共産党との熾烈な闘争は、そこで確認したように、共産党にとっては「私たちの党を鍛えた戦い」として大きな意味を有しています。その意義は、ソ連邦共産党や中国共産党によって背後から支援されていたいくつもの党派がその後どうなったのかをちょっとでも思い起こせば歴然です。共産党の党勢が好調だった時期に、共産党は理論機関誌『前衛』の臨時増刊号として『政治経済総覧』という資料集を隔年刊行していました（一九八六年版は七六〇余頁）が、そこに「反党対外盲従集団・ニセ『左翼』暴力集団」なるおどろおどろしい項目があります。三頁にわたる図表付で、数十の組織名が記されていますが、それらのなかで今日でも存続しているのは数えるほどしかありません。いわゆる「ソ連派」も「中国派」も四分五裂し、消滅してしまいました。これらの党派は、一人の国会議員を生み出すこともできませんでした。それらと対比すれば、共産党だけが、党勢を成長させてきたことの意味と意義は計り知れないものがあります。共産党は「自主独立の党」として、その地歩を築いてきたのです（ついでながら、この『政治経済総覧』に、私が一九八〇年に創った「政治グループ稲妻」も掲載され、「巧妙な反共主義」と解説されていました。二一二頁）。

だが、「長所の裏に短所あり」とよく言われます。共産党の「自主独立」もその一例です。「自主独立」は誰もが否定することはない正しい原則ではありますが、その裏側に〈国際連帯〉を軽視し、自国だけを優先する「一国主義」や「民族主義」の傾向を忍ばせています。共産党の「自主独立」は日本のナショナリズムに接近・許容・融合する傾向を内在させています。この傾向は、「領土問題」で顕在化します。

共産党は、「北方領土」や尖閣諸島を「日本固有の領土」だと主張しています。不破氏によれば、「日本共産党は、一九六九年に……日本の歴史的領土として全千島の返還を要求せよという領土政策を発表し」ました（『千島問題と平和条約』二〇頁）。不破氏は二〇〇五年の『私の戦後六〇年』でも一章を当てています。この「領土問題」は本書では論及しませんが、共産党は、国際条約の常識からはその実現がきわめて困難な「サンフランシスコ条約の千島放棄条項〔の〕再検討」を繰り返し主張しています（例えば、野田政権時代の二〇一二年八月一日の「赤旗」主張「日ロ領土問題」など）。

また、志位委員長は、二〇一二年九月に野田佳彦首相が尖閣諸島を「国有化」すると発言した後、一〇月四日に日本外国特派員協会で講演し、「日本共産党は、尖閣諸島について、日本の領有は歴史的にも国際法的にも正当であるとの見解を表明しています」と冒頭で明らかにしました（「赤旗」一〇月七日）。こうして、共産党は、「日本民族主義」に陥没しつつあります。

「領土問題」は複雑困難な国際問題ですが、打開策は、〈共同管理〉の方向にしかないでしょう。孫崎享氏は、二〇一一年に著した『日本の国境問題』でドイツとフランスの積年の係争地アルザス・ロレーヌが、敗戦したドイツがフランスに譲歩し、「ユーロ地域」（五〇頁。今年一〇月四日に開催された「日中友愛外交の道を探る」では「ユーロ・リージョン」と発言）となっている例を上げています。

もう一つの傾向は、党員の〈主体性〉に関する問題です。共産党は「自主独立の党」と自ら強調していますが、「自主独立の党員」という言葉には出会いません。確かに、党員は共産党という党に「団結」する必要があります。ですから党員の「自主独立」だけ強調していたのでは、党は解体してしまいます。しかし、その点をしっかり踏まえたうえで、個々の党員が「自主独立」の〈主体性〉を保持することも不可欠の要点であるべきです。共産党が「自主独立の党」と誇らしげに主張する場合、それは外国の「権威ある」党からの「自主独立」を意味するだけです。その重要さを否定することは誤りですが、本当は、党員は党中央からも「自主独立」でなければならないのです。

この点が、共産党の場合には著しく欠損しています。ソ連邦共産党や中国共産党からは「自主独立」であっても、党中央――宮本や不破氏には随順するというのでは決定的に不十分なのです。敗戦後数年間、「戦後主体性論争」が大きな話題となりましたが、共産党あるいは共産党系の論者は、〈主体性〉を明確にすることにきわめて消極的・否定的でした。この本で何回も引用しましたが、梅本克己こそが、この論争の一方の主役でした。ここでこの論争に筆を割いている余裕はありません[注]が、この論争に対する共産党の姿勢は、党中央への随順を強いることになっている共産党の体質と通底するのではないでしょうか。第V章で、不破氏が「人類の後史」（梅本）ではなく、「人類の本史」と強調していることを問題として明らかにしましたが、同じ傾向の現れでしょう。

党員の〈主体性〉を軽視する傾向は、もう一つの傾向と一体をなしています。「権威主義」と「官僚主義」の傾向です。この本を執筆するために、かなり多くの共産党の文献や不破氏の著作に目を通しました。しかし、「権威主義」という言葉には気づきませんでした（上田は『戦後革命論争史』の「序」で「事大主義の清算に真剣にとりくむ必要がある」と戒めていました。上、九頁）。見落としがないと断言はできませんが、共産党は「権威主義」として他者を批判することはありません。自らが「権威主義」に陥っているからです。マルクスやレーニンの片言節句を珍重し、党中央が発する文書に過重に頼り、「上部」への批判は控える――これが共産党の抜きがたい作風となっています。この傾向は、共産党に限らず、日本社会全体をおおっている悪弊です。何を言ったのか＝主張したのかよりも、誰が言ったのか、書いたのかにまず注意を向け、「偉い人」や有名人に同調する思考方法を克服しなくてはなりません。また、「官僚主義」は時に散見しますが、党中央が官僚主義的であることは否めません。

そんなことはないと否定するのであれば、本書で私が明らかにした、不破氏への批判と同じような批判がなぜ党内から発せられないのでしょうか。それとも、私が加えた批判はどれも的外れで誤っていて、取るに足りないものなのでしょうか？　ぜひとも、〈主体的判断〉を下していただきたいと切望します。

注　「梅本主体性論の今日的意義」『日本共産党との対話』稲妻社、1982年。

第Ⅶ章　日本共産党を改善する方途

この最後の章では、日本共産党を改善する方途はどこにあるのかを探りたいと思います。これまでの章で、共産党の限界や欠点をかなり厳しく明らかにしてきましたが、同時に共産党の存在意義についてもしっかり確認してきました。私たちは、これまでの新左翼諸党派のように共産党を全面的に否定したり、排除することは大きな誤りだと考えます。また、〈複数前衛党〉の存在は可能だと考えていますから、共産党とは別の前衛党をめざす努力を否定はしません。しかし、その場合でも、協力し合う関係を望むはずですから、協力相手の共産党がどのような党であってほしいか、を考えることは不可欠です。

私の現在の考えでは、いずれの日にか、共産党との協力を明示する〈友愛党〉が創成される日が訪れる日があるとしても、当面はその条件はなく、別の前衛党をめざすよりは、共産党を改善する努力のほうが必要でもあり大切でもあるというのが結論です。私の著作を読んだ、或る離党者が「村岡さんは共産党を愛していますね」と評したことがありました（氏名を明かせば、「あの人が」と驚く人も少なくないでしょうが、そうはできません）。そうかもしれません。相思相愛がベストですが、「片思い」であっても、何か通じることがあれば、善しとしなければならない場合もないわけではありません。

私は、二〇〇三年に刊行した『不破哲三との対話』で「共産党改革の三つの提案」として、①「赤旗」紙面の抜本的改革、②綱領を「日本共産党の趣旨」に替えること、③党と党友の二層構造化、を提起しました（一八二～一八四頁）。ここでは、改めて整理します。

改善の中身は大きく分けると、①理論的政策的内実、②組織機構上の改善、③組織の質に関する改善、の三つの分野となります。

第一の理論的政策的内実では、すでにこれまでの章で明らかにしている諸問題での欠落や誤りを克服する必要があります。より根本的な改善として、〈憲法改正案〉を提示する必要があります。これまでは、何よりも党の綱領をもっとも重要な文書と位置付けてきましたが、この点を改め、日本をどのような社会に変革するのかを〈憲法改正案〉として明示し、それをこそ最重要なものと位置付けて、その方向への変革を追求する党であることを強調しなくてはなりません。当たり前のことですが、党のためとか、党の上に社会があるのではなく、社会の中に党が存在するという認識を徹底して貫くことが大切です。憲法の施行日は明示しないで、党創設の日は初めに記すという、綱領に示されている転倒を根本的に改めなくてはなりません。

そして、綱領はもっと簡略にして要点だけを明示する文書にして、多くの問題で幅のある柔軟な性格にする必要があります。規約では、共産党の存在意義と党への誇りを明示したうえで、組織の大切さと党外の人たちとの協力・協調を明示する必要があります。

第二の組織機構上の改善としては、党員と党友との二層組織に創りかえる必要があります。すでに明らかにしたように、現在の共産党は、党費の納入や党の主要文書の読了や「赤旗」日刊紙の購読や党の基礎的会議への出席の割合は、三〇％から六〇％です。この実態は一時的というよりはもう数十年にわたっています。

ですから、その実態に即して、日刊紙も読み、会議にも参加し、党費も毎月払う人を党員として、そのレベルの党員だけを共産党として組織し、そのレベルに達しない人たちを「党友」として「共産党友の会」を組織するほうが、実態に見合っていて健全だと思います。そうすれば、逆に「共産党友の会」に入会する人が増えるのではないでしょうか。そして、共産党はより活動的な人を内実とする強固な組織になると思います。党員は「赤旗」日刊紙を、党友は「赤旗」日曜版を必ず購読するようにすれば、財政的な面でも、現在の水準を維持することが可能だと思います。「自分は不良党員だ」と思い悩むこともなくなります。

二〇〇三年の提起では、検討事項として「解党したイタリア共産党の場合には、党員の継続を毎年更新するやり方を取っていたようである」（二八四頁）と書きましたが、この点は撤回します。生涯を賭けて、革命のために生き抜く決意を重んじた方がよいからです。

また、党の中央組織では定年制を導入したほうがよいでしょう。年齢で区切るのではなく、同じ役職を続ける期間を限定する（例えば五年間とか）のが良いでしょう。地方組織の場合には、党員の高齢化が進むなかでは、高齢党員に依拠する場合が少なくないでしょうから、年齢による役職選出の制限は妥当ではないかもしれません。

理論的強化のために、分野別に専門家を養成する仕組みが必要です。現在は、党大会では中央委員会の報告を委員長が一人で全分野について一括して行っていますが、いくら有能な党員でも全分野をカバーするのは無理です。専門分野ごとに報告を分担したほうが合理的です。「シャドー・キャビネット」などと横文字の役職を新設することはありませんが、専門分野の責任者が常時、前面に登場するほうが信頼を増すでしょう。

第三の組織の質に関する改善では、何よりも党内での理論的交流・論争を活性化することが最大の課題です。現在は「読了率」なる指標を重視していますが、前記のように二層構造化すれば、指導的文書を読了しない党員はいなくなるはずであり、それよりも〈提案率〉とでもいう指標をつくって、〈提案〉を重視したほうがよいです。大は憲法改正案をめぐる提案から、小は身近な自治体議会への提案まで、党員は常に積極的に自分の考えを表明するような活動スタイルを身に付けることが大切です。「赤旗」には〈討論欄〉を常設して活発な議論の場を創りだすことが重要です。党で決定した方針や政策とは異なる意見についても、積極的に掲載したほうがよいでしょう。ただし、その場合には、党の方針と政策も同時に明示したほうがよいです。このやり方を、私は〈多数尊重制〉と命名して提示しています。

二〇〇三年の提起でも注意しましたが、「この提案を実現するためには、共産党だけでなく、党外の世論、一般的な通念を変革する必要もある。党中央と異なる意見が発表されたりした際に、『共産党は分裂している』などという下品な反応をしないことである」（一八二頁）。わが身に照らしても反省を迫られることです。

また、党外の動向についても、セクト主義を排して積極的に報道する姿勢が強く求められています。「赤旗」を党員のための機関紙ではなく、日本社会を変革するための共通の新聞にしなくてはいけません。例えば、今度の戦争法反対運動で急速に登場した学生の「シールズ」などに「友好団体の頁」というような形で一頁の半分を割く（彼らの編集に任す）くらいの大胆で新鮮な試みを取り入れたら「赤旗」読者拡大にも大いに役立つでしょう。党員向けの伝達手段は、現在でも「党報」があります。

党の改善というと、必ず「党名」＝共産党を変えないのかということが論点となりますが、私は当面は変更しないほうがよいと考えます。その理由は、根本的には、レッテルではなく内実こそが最重要だからです。現実的には、共産党という名称に誇りを持ち、弾圧に耐えて党を育ててきた党員の努力を尊重すべきだからです。党名を変更した場合、どういう反応が生じるでしょうか。「共産党は破産した」という大合唱が起きるでしょう。そのほうが、「党名を変更したから入党しよう」という動向よりも大きいと思います。それでは、共産党にとってマイナスです。反共主義者やその同調者が喜ぶだけです。

もう一つ、明らかにしたほうが良いことがあります。

一九九四年に制定された政党助成法によって、国民一人二五〇円×人口で年間に約三二〇億円支出されている政党助成金について、共産党は「思想・良心の自由に反し、憲法違反である」として受け取りを拒否しています。この法律は、政党としての資格を満たした政党が請求した場合に支給するという仕組みになっているために、共産党が受け取ってもよい分（年間約一五億円？）は、支給される各党に配分されます。資格を満たした政党に配分して、受け取りを拒否したらその分は国庫に返納するようにすべきだと思いますが、そうはなっていません。悪知恵の働く者が作ったのでしょう。分かりやすく言えば、共産党が他の党にカンパしているようなものです。共産党の議席が増えれば増えるほど他党への「カンパ」が増えるのです。これこそ不合理ではないでしょうか。

ですから、共産党は、政党助成金を受け取った上で、全額を公共性の高いボランティア団体にカンパするとか、半額を自党の政治活動に使って、半額をどこかにカンパするようにしたらよいと考えます。第Ⅲ章で「自衛隊活用」について明らかにした際に、「違憲の自衛隊を活用する」矛盾についての共産党の説明を紹介しましたが、その説明・論理を政党助成金についても適用したらよいと思います。なお、企業献金を減らすという目的で導入されながら、平気で企業献金も受け取っている政党の道義性は強く問われなければなりませんが、政党助成金が憲法違反かどうかについては議論が分かれるところです。

いずれにしても、共産党は「わが党は政党助成金を受け取っていません」とはいつも強調していますが、前記のような仕掛けのために他の党にカンパしているに等しい実態については絶対に報道しません。ここにも自分に都合の悪いことは報道しないという悪癖が残されています。

選挙については、国政選挙でも地方自治体の首長でも従来の方針を超えることが求められています。

国政選挙では、一九九四年に小選挙区制が導入され、政党助成金制度も出来、選挙方針の幅は小さくなりました。来年七月には参議院選挙が予定されています。共産党は「自共対決」を強調していますから、このままだと、従来と同じように、すべての小選挙区で共産党は立候補すると思われます。私は、選挙区ごとに得票動向を調査する能力を備えていませんから、どこでどういう可能性があるのか適切に示すことはできませんが、共産党の候補の票が他の候補者に加われればその候補が当選するとか、逆に他の候補が共産党の候補に投票すればその候補が当選する場合もあるでしょう。この事態を仮に「分裂選挙」と名づけます。「分裂選挙」によって、自民党の候補などが漁夫の利を得るのは何とも残念なことですから、「分裂選挙」を回避する活路がどこにあるのか、真剣に探る必要があります。私は、二〇一三年に「選挙時協力党」を提案したことがあります（『週刊金曜日』一月二五日号投書）が、政党助成金の問題があり、この提案には現実性がないと分かりました。

「分裂選挙」を回避する一つの方策は、例えば、共産党と社民党が「バーター選挙協力」することです。A選挙区で共産党が社民党の候補に投票し、代わりにB選挙区で社民党が共産党の候補に投票するのです（比例区は自分の党の候補に投票します）。仮に一つの例でも実現して二人が当選できれば、その波及効果は大きいでしょう。選挙に関心のある市民は、共産党と社民党がそれぞれ柔軟な選挙戦術を行使できる党に成長したことを実感することができるし、「左翼は足の引っ張り合いだけしている」という広範に存在する批判を封じることができます。

もう一つの方策は、「共産党との協力」を明確に表明する市民グループなどによる立候補者を創り出すことです。この場合、その選挙区での共産党の協力が不可欠です。共産党はその選挙区では立候補を取り下げ、その市民グループの候補者に投票します。同時に市民グループの候補者は比例区では共産党への投票を呼びかけます。国会内の会派は、政党とは異なるので、政党助成金とは無関係ですし、「日本共産党・革新共同」をつくることも可能です。

今では忘れ去られていますが、かつて「日本共産党・革新共同」という会派が存在していました。愛知県で共産党員の田中美智子が一九七二年に無所属で衆議院選挙で当選し、当選後にできたものです。田中は一九九〇年まで五期一五年にわたって議員を務めました。七六年の衆議院選挙で福島県弁護士の安田純治氏が無所属で当選しその後は日本共産党・革新共同に属しました（当選二回）。また、二〇一〇年の参議院選挙では、共産党は沖縄選挙区で「革新共同」候補を擁立しました。

このやり方は、一九九七年の第二一回党大会で確認された方針です。「国民の多数派結集をめざすためにも、日本共産党公認だけでなく、条件のあるところでは、革新・民主勢力が共同して、無党派で清潔・勇気ある人物を候補者として擁立することにも、積極的にとりくむ」（三三頁）と明らかにされていました。この方針の通りに「積極的にとりくむ」なら、共産党は狭い殻を破る努力をしていると明示することができます。その努力は、他の選挙区においても大いにプラスに働くでしょう。

地方自治体の首長選挙については、直近の例を明らかにしましょう。戦争法案の審議中の八月二〇日告知の岩手県知事選において、共産党の志位和夫委員長は、告示前日に五野党党首の共同会見に出席し、三期目をめざす達増拓也候補への支持を表明しました。支持の理由として、志位氏は「達増氏が被災者の苦しみに心を寄せ、被災者の立場に立った復興を進めてこられたこと〔A〕です」と説明し、「支援の二つ目の理由として志位氏は、達増氏が『違憲の安保法案は白紙撤回すべきだ』と明確に発言したこと〔B〕だと強調し」ました（「赤旗」八月二〇日）。この選挙では、自民党が落選必至と判断して擁立しようとしていた候補の立候補を取り下げ、達増氏が三選を果たしました。

私は、共産党のこの方針は適切で正しいと考えます。さらに考えなくてはいけないことは、その先にあります。この志位氏の説明では、各党間の政策協定はおろか、「革新三目標」で掲げている「日米軍事同盟と手を切る」などもまったく問題になっていません。〔A〕と〔B〕の二つだけが支援の要件です。

このやり方＝方針が正しいとすると、痛恨の念をもって思いだす事例がありました。二〇一四年一月の東京都知事選挙です。この時、元首相の細川護熙氏が「脱原発」をメインスローガンに出馬しましたが、共産党は弁護士の宇都宮健児候補にこだわり、「分裂」選挙となり、自民党が推薦した舛添要一氏が当選しました。細川プラス宇都宮は約一九四万票、舛添二一一万票でしたが、一本化していれば逆転も可能だったでしょう。注 歴史における「イフ」はどんな場合にも泣き言に過ぎませんが、細川氏が勝利していたら、その後の安倍晋三首相による暴走にもブレーキが掛かったと見て間違いありません。脱原発もさらに進んだでしょう。重大で決定的な逸機です。共産党の責任は重いと言わなくてはなりません。

注：ブックレット・ロゴス No.9　村岡到編『2014 年都知事選挙の教訓』（ロゴス）を参照してください。

どうして、岩手県知事選挙で可能であった選択を、一年半前の東京では出来なかったのでしょうか。

私はここで、地方自治体の首長選挙にだけ通用する新しい方針を提案したいと思います。①日米安保条約や自衛隊の扱いに関することは、地方自治体の首長として態度表明をしない。②日米安保条約や自衛隊と関わって地方自治体として政策決定しなくてはならない問題については、その地方自治体の市民投票によって政策を決定する（このような条例を制定する）。この方針ならば、共産党などは安保条約反対の活動を展開しながら、その情勢のなかで適切だと考えられる候補者をかなりの幅をもって支持することができます。本稿で、一九九八年の不破氏による「日米安保凍結論」を知った人は、それをヒントにしたものだと気づいたでしょう。市民投票は、私が付け加えたのですが、不破氏の発案よりも分かりやすいでしょう。ただし、初めに断ったように、この方針は地方自治体の首長選挙にだけ通用するものです。国政選挙で日米安保条約に対する態度を賛否いずれにせよ明確にしないようでは、立候補の資格要件を欠くと言えるでしょう。

地方自治体の首長選挙はもちろん地方自治のために実施されるもので、国政選挙と混同してはいけませんが、政治情勢の如何によっては、国政にも重要な影響を与える可能性もありますから、政治情勢を十分に見極めたうえで、柔軟な対応が求められます。

選挙闘争に関連して明らかにしたほうが良いことがあります。

共産党は、二〇一三年七月の参議院選挙で改選三議席から当選八議席へと躍進したのですが、この選挙で大活躍したのは、党史上はじめて現れた「カクサン部」でした。漢字で「拡散部」と書けば役割はわかるでしょう。インターネットを活用した宣伝です。ところが、この勝利した選挙を総括するために開かれた九月の八中総では、この「カクサン部」がまったく登場しませんでした。「決議」では「解禁となったインターネット選挙での日本共産党の健闘」を確認しながら、肝心のこのカクサン部には触れないのです。なぜでしょうか。党内事情ですから推測するしかありませんが、カクサン部は、党の正規の指導機関の決定によって設置されたものではないのです。ネットのカクサン部を覗くと、「誕生物語」には「二〇一三年春、代々木のとある立ち飲み居酒屋にて」とあり、「ウチのゆる～い感じの党員集めて、ウップ専用の特命PR部をつくるってのはどうでしょう！？」などという秘話まで紹介されています。

機関誌『前衛』同年一一月号に党宣伝局次長・田村一志氏の「ネットの可能性と政治革新」と題する長い論文が掲載されました。田村氏は、カクサン部は選挙後に閉鎖され消えましたと明らかにし、そうしたら、「『休止している場合じゃない！』と抗議殺到で、ただちに再開」と正直に内幕を紹介しています。翌一四年一月の第二六回党大会の「決議」にもカクサン部は登場しません。だから、「赤旗」でもカクサン部はほとんど報道されませんし、人気のキャラクターも「雇用のヨーコ」がたまに紙面を飾るだけです。「アベ家で飼いならされている集団的自衛犬ども」が登場したら人気が出ます。ぜひとも、カクサン部を正規の機関として確立して、積極的に活用にしたほうがよいでしょう。

なお、前記の中央委員会総会では、「志位委員長の結語」に次のように書かれています。「討論のなかで『国民も変化している。あと変化しないといけないのは、党の指導部だけだ』という発言もありました」。ここで言う「党の指導部」が常任幹部会のことか中間指導機関のことかは分かりませんが、ともかく、「党の指導部」の在り方が問われていると確認しています。ぜひとも「変化」してほしいと切望します。

私は、以上のようないくつかの提案を共産党が真剣に受け止めて、検討し取り入れることを強く希望します。私は、共産党が大きく飛躍することを願い、その改善を求めているのです。

〈補論〉 参議院選挙で柔軟な新戦術を

――「九・一九志位提案」を活かす道

九月一九日未明に国会で戦争法（安保法制）が強行成立した直後、日本共産党は間髪を入れずその日の午後に中央委員会総会を開き、志位和夫委員長が「『戦争法（安保法制）廃止の国民連合政府』の実現をよびかけます」（以下「九・一九志位提案」と略）を記者会見で発表しました！

まずこの素早い対応を全面的に積極的なものとして受け止めなくてはなりません。中央委員会総会は二〇〇人規模の会議で全国から中央委員が出席します。在京の数十人の集まりではありません。しかもその呼びかけの方向は基本的に正しいです。国民＝市民の意識を、戦争法の枠内だけではなく、国政選挙や政府構想のレベルへと向かわせたことは重要です。従って、私は「九・一九志位提案」の数時間後に、基本的に支持し、さらに具体化する必要があると表明しました（私のフェースブックなど）。それから一カ月、この間の推移を含めて改めて、何を明らかにしなくてはならないのか、いくつか提起したいと思います。

「九・一九志位提案」の要点とその影響

まず、「九・一九志位提案」の要点を確認します。

「九・一九志位提案」は、戦争法が「違憲立法」であることを明確にしたうえで、「このような重大な違憲立法の存続を許すなら、立憲主義、民主主義、法の支配というわが国の存立の土台が根底から覆させられる」とし、「国会で廃止の決議を行うこと」を提起し、「同時に、昨年七月一日の安倍政権による集団的自衛権行使容認の『閣議決定』を撤回することが必要です」〔☆〕と表明しました。

第二に、そのための「国民連合政府」を創り出すことを呼びかけ、野党は「日米安保条約への態度」などの「相違点は横に置き、一致点で合意形成をはかるという原則」に立つべきだとし、第三に、「『戦争法廃止の国民連合政府』で一致する野党が、国政選挙で選挙協力を行おう」と呼びかけました。細部の検討は後にしますが、この三点は「自共対決」を強調してきた従来の共産党の方針とは一八〇度も内実を異にする斬新な提案です。

その後も共産党は、一〇月六日に「幹部会の決議」を発表し、志位氏は一〇月一五日には日本外国特派員協会で講演しました。共産党周辺のいわゆる著名人の反応も良好です。「赤旗」には連日、名の通った人たちが賛意を表明して紙面を飾っています。

次に、「九・一九志位提案」提唱の政治的効果がどのようなものであったかをはっきりさせましょう。「提唱」と言葉を重ねたのは、「提案」の内実については、後述するように大きな疑問点もはらまれているからです。この「提唱」はきわめて有効で大きな影響を現下の政局に与え続けています。マスコミ各紙は大きく取り上げました。一、二例示すれば、「東京新聞」は「参院選へ野党連携模索」と志位氏の顔写真入りで報道し(一〇月二一日)、「朝日新聞」は「共産、野党結集へ動く」(一〇月一六日)と大見出しを立てています。「日刊ゲンダイ」では「志位共産党鬼気迫る本気度」(一〇月一七日)の大見出し。世論調査の動向も好意的です。例えば、一〇月九日の「毎日新聞」では「野党は選挙協力すべきだ」が三八%、一〇月一九日のテレビ朝日発表の世論調査では「野党が統一候補擁立など、選挙協力をすすめること」について、「期待する」が四四%に及んでいます。明らかに共産党の動向が政局の一つの焦点に浮上しました。三〇数年前と比べると、決定的な変化が起きています。八〇年代には「共産党外し」が国会でもマスコミでも基本的動向でしたから、その変化の大きさをはっきりと認識しなくてはなりません。共産党は逆流に抗してこの変化を自力で切り開いてきたのです。

もし、この「提唱」が無ければ、と想定してみれば一層はっきりします。維新の党の分裂だの、民主党と維新が「野党再編」をどう進めるか、が新聞ネタになっていたでしょう。民主党は事態を後追いしているだけです。逆に、共産党は「本気アピール」(「朝日新聞」一〇月一六日)と株を上げています。前記の「日刊ゲンダイ」の記事は「民主党ももっと現実的になるべきだ」と結んでいます。

このように、共産党の新しい動向を積極的に評価したうえで、「九・一九志位提案」などには基本的なところで大きな問題を残していることを見落としてはなりません。

なぜ「国民連合政府」と呼称するのか

まず、最大の問題は、なぜ「国民連合政府」と呼称するのかが明確ではありません。最初の提案の3項の見出しにはすでに引用したように、「戦争法廃止」と目標を明示したうえで「国民連合政府」と書かれています。一〇月二一日の「赤旗」に「新しいポスターができました」と写真入りの記事が一面に掲載されていますが、そこにはポスターの四分の一以上を割いて「戦争法廃止の政府を」と打ち出され、その下にごく小さく「国民連合政府」と書かれています。こういう工夫をするのなら、初めから「戦争法廃止の政府」としたほうがスッキリしています。四文字熟語が好きなら「戦廃政府」でもよいです。センパイと読む熟語は「先輩」くらいですから、「戦犯」と紛らわしいのは残念ですが、悪くはない標語になるでしょう。共産党が「国民連合政府」と打ち出したのは、一九六〇年以来の「民主連合政府」が頭に残っているからでしょう。用語のレベルで言えば、作家・九条の会呼びかけ人の澤地久枝さんが明らかにしています。「提案にある『国民連合政府』という名称にアレルギーをもつ人がいるかもしれないと思いましたが、先日、市田忠義副委員長と対談した際、『政府の名称にはこだわらない』と説明されて納得しました」ということです（「赤旗」一〇月四日）。新しいポスターはその影響も受けているのかもしれません。

用語の問題よりもさらに重要な問題があります。戦争法を廃止するために、新しい政府を誕生させる必要があるのか、という根本問題があります。国会で法律を成立させるためには、二つの議院での多数による賛成が必要ですが、政府が交代する必要はないからです。そこで、「九・一九志位提案」の前記の〔☆〕が意味を持ちます。三権分立の原則のゆえに、「閣議決定」を国会の決議で撤回することはできません。同じ内閣が撤回してもよいですが、そういうことは期待できませんから、別の内閣の誕生が必要となります。繰り返しになりますが、戦争法を廃止するだけなら、新政府の成立は必要ないのです。

このことをしっかり確認すると、前記の一〇月六日の「幹部会の決議」に大きな疑問が湧きます。そこには、「閣議決定」とは一言も書いてありません。つまり、この「幹部会の決議」では肝心の「国民連合政府」の必要性の根拠が示されていないのです。

「衆議院の解散・総選挙」が消えた「幹部会の決議」

「九・一九志位提案」と「幹部会の決議」との違いは他にもあります。前者では「衆議院と参議院の選挙」とか「衆議院の解散・総選挙」とか「来るべき国政選挙」と衆議院が四回も登場しますが、後者は衆議院には一度も触れません。代わりに参議院が九回も言及されています。「国民連合政府」を誕生させるためには、言うまでもなく、衆議院で多数派にならなくてはいけません。だから、「九・一九志位提案」では衆議院に焦点が当たっていたのです。ところが、「幹部会の決議」では参議院選挙だけに絞られています。この決議の長いタイトルの中に「参議院選挙勝利」と明記されています。「本気」はどこに向かっているのでしょうか。

国民＝市民の意識を、戦争法の枠内だけではなく、国政選挙や政府構想のレベルへと向かわせた点については、前記のように大きく積極的に評価しなくてはいけませんが、具体的に詰めて考えるといくつもの曖昧な問題が残されています。

戦争法廃止と新政権樹立とを無理やりに直結した不整合が招いた隘路です。志位氏に言わせれば「直結」ではなく、「閣議決定」の撤回が媒介しているということでしょうが、すでに明らかにしたように、「幹部会の決議」では「閣議決定」は要件に入っていません。

「自衛隊活用」へ大転換？

最大の問題は、前記の三つ目の一〇月一五日の志位講演で明らかになりました。志位氏は、講演では「安保凍結」について説明しましたが、「自衛隊活用」には触れませんでした。しかし、日米安保と自衛隊は一体不離ですから、第Ⅲ章でも触れたように、記者との一問一答のなかで記者が「有事がおきたときに自衛隊を出動させるのでしょうか」と質問します。すると、志位氏は、「急迫・不正の主権侵害など、必要にせまられた場合には、この法律〔今回の改悪前の自衛隊法〕にもとづいて自衛隊を活用することは当然のことです」（「赤旗」一〇月一七日）と答えました！　第Ⅲ章で明らかにしたように、この発言は従来の方針の大転換です。そもそもこれほど重大な問題を自分から提起するのではなく、他人から聞かれたら答えるという態度がまともではありません。誰でも自分が得意な問題や自信がある主張なら自分から率先して発言するものです。しかも控え目が美徳ではない政治家なのです。

これほど重大な転換を中央委員会総会の討議も経ずに独断で行うとはビックリ仰天です。この補論冒頭で確認したように、「九・一九志位提案」は形式的であったかどうかは分かりませんが、ともかく中央委員会総会の決定に踏まえて発表されました。しかし、この「自衛隊活用」は全くの独断です。その上、これだけ重大な問題であるにもかかわらず、どこからもそのことに疑問が提起されることもありません。理論的感度が著しく低下しているのです。

さらに志位氏は、「安保凍結」として説明していますが、言葉の問題としても、「安保凍結」ではなく、「安保廃棄凍結」＝「安保容認」とすべきです（第Ⅲ章でも指摘しました）。だから、この日の講演について「朝日新聞」は一面では「共産、日米安保容認も」と大見出しを立てました（一〇月一六日）。分かりやすく示すことが出来ないのは、内実が不明確だからです。

戦争法廃止と政権構想との直結を止めれば、「安保容認」の隘路に落ち込むことを避けられます。「自衛隊活用」については、第Ⅲ章で明らかにしました。

参議院選挙で柔軟な新戦術を

ではどうしたらよいのでしょうか。共産党の提案の不備だけを批判していても話は前に進みません。

当面の現実的な可能性としては、来年七月の参議院選挙で、「戦争法廃止」を明確に主張する候補を非改選議員と合わせて過半数になるだけ当選させて、まず参議院で「戦争法廃止」を決議することです。そうすれば、衆議院では自公政権派が多数で廃案になっても、好戦政権を大きく規制することができます。それが、9・19を「戦争が出来る国」への時代暗転の転機ではなく、政局転換の出発点にする道です。「国民の声を聞け」の世論が高まり、「幹部会の決議」が欠落させた「解散・総選挙」を手繰り寄せる決定的なテコになり、安倍好戦政権を打倒する水路になります。そのためにはどうしたらよいのでしょうか。参議院選挙で可能な柔軟な選挙戦術について提案しましょう。

すでに本章で提起している選挙戦術がその答えです。さらに加えて、具体的には三二の一人区などで、「戦争法廃止」を明確に主張する民主党の候補を共産党が相互協力が得られない場合でも立候補を取り下げ自主的に推薦する必要があるでしょう。相互協力が得られればそのほうが良いに決まっていますが、相互協力にこだわって「分裂選挙」になれば、共産党の努力はほとんど無駄になります。何の果実も得ることなく、育たない種を植えるだけになります。民主党内の「反共」議員はそれを狙って策謀するでしょう。選挙区で立候補しなくても比例区がありますから、共産党は独自に活動して、その成果（得票）を明示することができます。

二〇一五年安保闘争の敗北と新しい芽

最後に、一連の共産党の提案にはもう一つ重大な欠落が残されていることを明らかにしなくてはなりません。一九六〇年の安保闘争と対比して、この間の闘いを「二〇一五年安保闘争」と表現することもできますが、その総括において何よりも肝心なことは、次の三点です。

①二〇一五年安保闘争は戦争法の成立を許してしまい、〈敗北〉したことです。このことを敗戦直後から長く（あるいはこの一〇年くらい）闘い続けてきた人びとやその運動は深刻に自らの責任として受け止めなくてはなりません（にわかに登場した若い人たちの場合にはその責任を負う必要はありません）。六〇年安保闘争では三度「政治スト」を闘った労働組合はついに闘いの前面に登場することは出来ず、いくつかの「全学連」もほぼ登場しませんでした。

②歴代の内閣法制局長官が「違憲だ」と明言し、シールズやママの会や多くの憲法学者などこの間の闘いで新しく登場した人たちの自律的な運動の前進を徹底的に前向きに評価しなくてはなりません。それらがはらむ弱点を過大に非難して水をかける傾向もありますが、大きな誤りです。

③この二点をしっかり確認したうえで、闘いを持続させ、来年七月の参議院選挙に積極的に関わることが情勢を転換するカギです。

本稿では、これ以上に書くスペースはありませんが、①を欠いて②だけ強調したり、②の可能性に目をふさいで①だけを指摘するだけでは展望は探れません。

また、「九・一九志位提案」で「立憲主義、民主主義、法の支配というわが国の存立の土台」と確認していることも極めて重要です。その後「法の支配」に触れなくなったのは残念です。

あとがき

この小さな本は、猛暑の八月に執筆に取りかかり、秋の名月を過ぎて書き上げました。今年は、二月に『日本共産党をどう理解したら良いか』を、七月に『文化象徴天皇への変革』を執筆・刊行しました。この二冊は以前に発表した論文を活用した部分もありましたが、今度はほとんど新しく書きました。雑誌『プランB』を終刊させたので、いくらかの余裕が生まれたからです。『日本共産党をどう理解したら良いか』を読んだ元党員の人から、「もっと突っ込んで不破哲三論を書いたらよいのでは」とサゼスチョンを得たからです。

一読すれば明らかなように、本書には大きな欠落がいくつか残されています。激変する世界情勢についても、日本資本主義の経済分析も、日本の社会学的論及もありません。これが、私の〈真理の切れ端〉（本書、四二頁）というわけです。欠落部分は、それぞれの専門的研究に学ぶほかありません。

一九七八年に〈日本共産党との対話〉を提唱してから三七年間、一区切りつけたような感じがします。敗戦七〇年の節目に戦争法が成立して、「戦後左翼」は大きく敗北し日本の政治は新しい局面を迎えようとしています。「戦争が出来る国」への時代暗転の契機としてではなく、〈活憲〉の新しい出発点にしなくてはなりません。

来年二月に季刊『フラタニティ』を創刊します。「自由・平等・友愛」はフランス革命いらい一つの言葉として知られているのに、日本国憲法では「自由」「平等」は出てきますが、「友愛」とは書かれていません。日本共産党の綱領も同じです。私は、そのことに、逆に「友愛＝フラタニティ」の重要な意味があるのではないかと気づきました。〈友愛を軸に活憲を！〉が使命です。

脱稿して校正も終わり、都営住宅の前の公園を散歩していたら、珍しく鳩が一羽舞い降りてきました。この小著が鳩が空高く飛翔するように、広がればよいのになーと思わずにはいられませんでした。ぜひ、読後感想、批判を寄せてください。

二〇一五年一〇月二一日（忘れていた国際反戦デー）に　村岡　到

〈追記〉

一〇月二九日、志位和夫委員長は記者会見で、「日米安保凍結」と「自衛隊の活用」について、「いま唐突に言い出したことではなく、すでに党の決定として明らかにしている」と語り、前者については「一九九八年八月の不破委員長のインタビュー」と翌九月の「三中総」の報告を、後者については「二〇〇〇年の第二二回大会〔の〕決定」を上げました（「赤旗」一〇月三〇日）。

「不破委員長の緊急記者会見」については、私は九月一九日に志位氏の提案の数時間あとに言及しました。第Ⅲ章で明らかにしたように、ではなぜ、『日本共産党の八十年』でその内容に触れなかったのでしょうか（六三頁）。後者については第Ⅲ章で詳述しましたが、志位氏は重大なごまかしを犯しています（四八頁）。

村岡 到（むらおか　いたる）
1943年4月6日生まれ
1962年　新潟県立長岡高校卒業
1963年　東京大学医学部付属病院分院に勤務（1975年に失職）
1969年　10・21闘争で逮捕・有罪
1980年　政治グループ稲妻を創成（1996年に解散）
ＮＰＯ法人日本針路研究所理事長

不破哲三と日本共産党——共産党の限界を突破するために

2015年11月25日　初版第1刷発行
著　者　　　村岡　到
発行人　　　入村康治
装　幀　　　入村　環
発行所　　　ロゴス
〒113-0033　東京都文京区本郷2-6-11
TEL.03-5840-8525　FAX.03-5840-8544
URL http://logos-ui.org
印刷／製本　　株式会社 Sun Fuerza

定価はカバーに表示してあります。 ISBN978-4-904350-39-3　C0031

人名索引

あ行

阿川佐和子　135

秋光純　136

安倍晋三　11 43 72 211 215 221

安東仁兵衛　99 100 106 118

井汲卓一　106

池田大作　136 137

石川康宏　169

石橋政嗣　47

伊藤誠　39

板垣退助　93

市田忠義　217

井上圭一　59

井上哲史　58

井上ひさし　49 69 70 78 90 93 94 121 126 128 135

岩崎元郎　135

岩見隆夫　136

植木枝盛　93

上田耕一郎　37 39 59 63 64 67 78 92 94 101 106 109 112 113 115 118 123 160 171 179 180 195 202

上田庄三郎　87 91-94 96

上田鶴恵　87 91 92

上田千加子　108 127 128 133

上田（後町）七加子　80 88 92 96 97 102-105 108 109 117 119 124-133 165 167

宇都宮健児　211

宇野弘蔵　34 167

梅本克己　30 34 138 155 201 202

岡正芳　113 115

緒方靖夫　177

小沢一郎　55

尾高朝雄　38

小渕恵三　61

か行

梶田隆章　136

菅直人　61

聴濤弘　112 162

吉良よし子　86

銀林浩　136

窪島誠一郎　130

蔵原惟人　113

黒田寛一　34 35

小池晃　11 198

幸徳秋水　93

河野克俊　11

古在由重　106

小林多喜二　74 174

小林直樹　44 54

さ行

榊利夫　144

佐藤栄作　118

澤地久枝　217

志位和夫　17 21 24 45-59 64 73 84 86 122 123 140-143 173 186 187 198 200 210-222

志賀義雄　28 74 111 176 178 179 181 189 194
清水慎三　71 84 105
昭和天皇　96 175 176
親鸞　41 60
鈴木市蔵　107 111 189
関幸夫　78
千宗室　131 135
千利休　131 132
た行
高沢寅男　100
田川和夫　178
田口富久治　144 169
武井昭夫　100
武田清子　75
達増拓也　210 211
立石雅昭　136
田中清玄　108
田中美智子　210
渓内謙　168
田原総一朗　55 57
田村一志　213
千葉昌弘　94
鶴見俊輔　175
手塚治虫　128 133
徳田球一　74 176 178 179 181 183 194
戸塚秀夫　100 101
な行
中江兆民　93
中曽根康弘　78 136
中村勘九郎　136
西川伸一　2
仁比聡平　11
野坂参三　75 143 178 179 181 186 194
野田佳彦　200
野呂栄太郎　176
は行
袴田里見　111
橋本大二郎　94 136
服部之総　176
羽仁五郎　176
浜野忠夫　22-28 122 142 143
平野義太郎　176
平林久　136
広西元信　157 158 159
筆坂秀世　24 52 55 56 63 122 123
平成天皇　72 73
細川護熙　211
ま行
孫崎享　201
益川敏英　136
舛添要一　211
松竹伸幸　51-53 58
松本清張　108
丸山健人　136
丸山真男　175
美智子皇后　72 73
水上勉　90 95 108 119 121 126 129 130 133 135
宮本顕治　16 24 31 40 60 62 68-

70 74 75 78 89 90 98 99 101 106 109 111-123 136 141 145 162 172-177 181 183-186 189 190 193 194 197 201
宮本百合子　99
村上弘　119
村山富市　57
明治天皇　78 126 127
森戸辰男　71
や行　わ行
安田純治　210
山口富男　169
山下芳生　19 27
山田盛太郎　176
山本五十六　33
山本大　94
夢枕獏　136
吉井英勝　81
吉岡吉典　39 78 118 150
吉川英治　91 92
吉川文子　92
吉田万三　83
米川正夫　195
渡部照子　58
渡辺恒雄　122
和田春樹　35
外　国
アイザック・ドイッチャー　168
アイゼンハワー　82
アントン・メンガー　38 71
ウェーバー　41 60
エレン・ケイ　93
エンゲルス　16 34 97 148 150 152 154 159 170
オウエン　150
カストロ　135
カール・ポラニー　175
クロポトキン　96
ケネディ　110 112
江沢民　135 191
胡錦濤　135
ゴルバチョフ　88 134 135 192
金日成　113 135
サン＝シモン　150
ジューコフ　189
周恩来　114
ジョレス・メドベージェフ　168
ジョン・デューイ　94
スースロフ　190
スターリン　22 35 37 79 82 85 106 122 144 160 162 163 165 168 169 176 182 192 194
スティーヴン・コーエン　168
鄧小平　114
トルストイ　195
トロツキー　37 164 165 168 176 192
フーリエ　150
ブハーリン　168 176
フルシチョフ　110 111 192
ブレジネフ　162 190
ベルリングエル　134
〈巻末９頁につづく〉

年月	回数	議長	委員長	副委員長	書記局長	党員万人	読者万人	読了率%	特記
47.12	6				徳田	10数	30(49年)		50年分裂
58.07	7	野坂			宮本	3.6＊	4.6＊		
61.07	8	野坂			宮本	2倍	2倍		綱領決定
64.11	9	野坂			宮本	15	80		
66.10	10	野坂			宮本	30近	100数		
70.07	11	野坂	宮本	袴田	不破	30	180＊	78	不破抜擢
73.11	12	野坂	宮本	岡	不破	30数			民主連合政府綱領
76.07	13	臨時大会で人事なし				38	300		自由と民主主義の宣言
77.10	14	野坂	宮本	上田	不破	44近	44近		社会主義生成期論
80.02	15	野坂	宮本	岡	不破	44	355		
82.07	16	宮本	不破	上田	金子	48	300数		
85.11	17	宮本	不破	上田	金子	50近	300数	51	
87.11	18	宮本	村上	上田	金子	49	300		
90.07	19	宮本	不破	上田	志位	50近	300		志位抜擢
94.07	20	宮本	不破	上田	志位	36	250		
97.09	21		不破	上田	志位	37	230	45	宮本引退
00.11	22	不破	志位	上田	市田	38	200		規約改訂
04.01	23	不破	志位	上田	市田	40	173		綱領大改訂
06.01	24		志位	浜野	市田	40	164		
10.01	25		志位	浜野	市田	40	145	34	
14.01	26		志位	小池	山下	30.5	124	40	

徳田、宮本は書記長。副委員長は３人～５人の内１人だけ。

人名は、徳田球一、野坂参三、宮本顕治、袴田里見、不破哲三、岡正芳、上田耕一郎、金子満広、村上弘、志位和夫、市田忠義、浜野忠夫、小池晃、山下芳生。100数は百数十。

党員数などは大会で公表、＊は志位90周年講演から

年月	衆参	当選人	得票万票	当選人	得票万票	得票率%	年月	出来事
1946.04	衆	5	213.6			3.9		
1949.01	衆	35	298.5			9.8	1949.10	中国革命
1952.10	衆	0	89.7			2.5		
1955.02	衆	2	73.3			2.0	1956.10	ハンガリー事件
1956.07	参			2	114.9	3.9★	1959.01	キューバ革命
1960.11	衆	3	115.7			2.9	1960.06	安保闘争
1962.07	参			3	176.0	4.9★		
1967.01	衆	5	219.1			4.8		
1968.07	参			4	357.7	8.3★	1968.08	チェコスロバキア事件
1972.12	衆	40	570.2			10.9		
1974.07	参			13	684.6	12.8★	1975.04	南ベトナム解放
1980.06	衆	29	594.4			10.1	1980.01	社公合意
1992.07	参			6	481.7	10.6★	1991.12	ソ連邦崩壊
1993.07	衆	15	483.5			7.7	1993.08	細川連立政権
1996.10	衆	26	726.9			13.1☆	1996.10	小選挙区制施行
1998.07	参			15	875.9	15.7★		
2000.06	衆	20	735.3			12.1★		
2001.07	参			5	536.3	9.9★		
2003.11	衆	9	483.8			8.1★	2010.09	鳩山民主党政権
2010.07	参			3	425.6	7.3★	2011.03	東日本原発震災
2013.07	参			8	564.6	10.6★	2012.12	第二次安倍政権
2014.12	衆	21	704.0			13.3★	2014.07	憲法解釈変更

この表は、石川真澄・山口二郎『戦後政治史』第三版の「データ　国会議員選挙」から抜粋した（2010年まで）。票数と得票率は端数を四捨五入。1996年から小選挙区と比例代表に。得票の多いほう。

★地方区 or 選挙区 or 小選挙区　☆比例区

参照文献

新日本出版社は「新日」、日本共産党中央委員会出版局は「党出版局」と略。

本文で書名だけの場合は省略したものもある。

（　）はその章にもあることを示す。

まえがき

『週刊金曜日』2015年5月29日号

第Ⅰ章

マルクス『共産党宣言』岩波文庫、1951年（Ⅱ、Ⅲ、Ⅳ、Ⅴ）

レーニン『国家と革命』全集第25巻、大月書店（Ⅱ、Ⅴ）

不破哲三『スターリン秘史』第1巻、新日、2014年（Ⅴ）

『日本共産党の四十五年』党出版局、1967年

『日本共産党の八十年』党出版局、2003年（Ⅲ、Ⅴ、Ⅵ）

不破哲三『マルクスと友達になろう』日本民主青年同盟中央委員会、2015年（Ⅱ、Ⅲ、Ⅴ）

浜野忠夫『民主連合政府をめざして――党づくりの志と構え』新日、2015年（Ⅴ）

筆坂秀世『日本共産党』新潮社、2006年（Ⅲ、Ⅳ）

不破哲三『日本共産党史を語る』上下、新日、2006年（Ⅳ、Ⅵ）

第Ⅱ章

梅本克己『唯物論と主体性』現代思潮社、1961年

黒田寛一『社会観の探求』現代思潮社、1961年

『マルクス・エンゲルス選集』補巻4、大月書店、1955年

宇野弘蔵『「資本論」と社会主義』岩波書店、1958年

和田春樹『ある戦後精神の形成』岩波書店、2005年

上田耕一郎『先進国革命の理論』大月書店、1972年

アントン・メンガー『全労働収益権史論』弘文堂書房、1924年（Ⅲ）

尾高朝雄『法の窮極に在るもの』有斐閣、1947年

日外アソシエート『現代日本執筆者大事典』第5期、2015年

第Ⅲ章

『民主連合政府綱領』党出版局、1975 年
石橋政嗣『非武装中立論』社会党機関紙局、1980 年
『日本の安全保障への道――日本共産党の独立、平和、中立・自衛の政策』党出版局、1980 年
不破哲三・井上ひさし『新日本共産党宣言』光文社、1999 年（Ⅳ）
不破哲三『不破哲三　時代の証言』中央公論新社、2011 年（Ⅳ、Ⅴ、Ⅵ）
不破哲三『新・日本共産党綱領を読む』新日、2004 年（Ⅴ）
日本共産党中央委員会『議会と自治体』2004 年 4 月号
井上圭一『自衛官が共産党市議になった――憲法 9 条が結んだ縁』かもがわ出版、2015 年
上田耕一郎『戦争・憲法と常備軍』大月書店、2001 年
『週刊金曜日』1998 年 10 月 30 日号
社会主義協会第 6 回訪ソ学習交流団『実践されるペレストロイカ』1989 年
『上田耕一郎著作集』第 5 巻、新日、2013 年
不破哲三・上田耕一郎『マルクス主義と現代イデオロギー』大月書店、1963 年
日本共産党『科学的社会主義と自由・民主主義』増補、党出版局、1979 年
日本共産党『自由と民主主義の宣言』（第 13 回党大会報告）
不破哲三『党綱領の理論上の突破点について』党出版局、2005 年（Ⅴ）
『週刊ポスト』2015 年 4 月 10 日号
武田清子『天皇制の相剋』岩波書店、1978 年
日本共産党『戦前・戦後の天皇制批判』党出版局、1986 年
不破哲三『「科学の目で」原発災害を考える』党出版局、2011 年
上田七加子『道ひとすじ――不破哲三とともに生きて』中央公論新社、2012 年（Ⅳ、Ⅴ）
『日本共産党重要論文集 1 上』党出版局、1965 年
マルクス『新版ドイツ・イデオロギー』合同出版、1966 年

第Ⅳ章

『宮本顕治の半世紀譜』新日、1983 年（Ⅵ）
水上勉・不破哲三『一滴の力水』光文社、2000 年

山本大・千葉昌弘『高知県の教育史』思文閣出版、1990年
水上勉・不破哲三『同じ世代を生きて』新日、2007年
不破哲三『私の戦後六〇年』新潮社、2005年
安東仁兵衛『戦後日本共産党私記』現代の理論社、1976年
上田耕一郎『戦後革命論争史』上下、大月書店、1956年（Ⅴ）
『現代の理論』創刊号、1959年
不破哲三『経営での活動と党建設』新日、1986年
『日本共産党の七十年』新日、1994年（Ⅴ、Ⅵ）
『日本共産党のソ連共産党への反論』党出版局、1975年
『日本共産党のアメリカ帝国主義論』党出版局、1975年
不破哲三『歴史から学ぶ――日本共産党史を中心に』新日、2013年（Ⅵ）
不破哲三『レーニンと「資本論」』全7巻、新日、1998～2001年（Ⅴ）
週刊誌『アエラ』2000年1月31日号
不破哲三『マルクスは生きている』平凡社、2009年（Ⅴ）
不破哲三『マルクス「資本論」発掘・追跡・探究』新日、2015年（Ⅴ）
不破哲三『回想の山道』山と渓谷社、1993年
『宮本顕治対談集』新日、1972年
『宮本顕治対話集』新日、1975年
宮本顕治『人生・政治・文学――宮本顕治対談集』1977年
　第Ⅴ章
マルクス『フランス語版資本論』法政大学出版局、1979年
梅本克己『革命の思想とその実験』三一書房、1969年
不破哲三『現代前衛党論』新日、1980年
『民主集中制と近代政党』党出版局、1978年
榊利夫『民主集中制論』新日、1980年
マルクス『資本論』新日、1982年（Ⅵ）
不破哲三『マルクスの未来社会論』新日、2004年
不破哲三『日本共産党の綱領路線』新日、1984年
マルクス『経済学批判』青木文庫、1951年
梅本克己『唯物史観と経済学』現代の理論社、1971年

梅本克己『マルクス主義における思想と科学』三一書房、1964年
広西元信『資本論の誤訳』1966年。復刻版:こぶし書房、2002年
不破哲三『科学的社会主義の運動論』新日、1993年
上田耕一郎『現代日本と社会主義への道』新日、1980年
聽濤弘『21世紀と社会主義』新日、1984年
村岡到『探理夢到』第8号＝2014年11月

第Ⅵ章

『宮本顕治著作集』第九巻、新日、2013年
カール・ポラニー『大転換』東洋経済新報社、1974年
田川和夫『日本共産党史』現代思潮社、1960年
『日本共産党の五十年』党出版局、1972年
『日本共産党の六十年』党出版局、1982年
宮本顕治『日本革命の展望』新日、1968年
不破哲三『スターリンと大国主義』新日、1982年
不破哲三『人民的議会主義』新日、1970年
日本共産党理論機関誌『前衛』臨時増刊号『政治経済総覧』1986年
不破哲三『千島問題と平和条約』新日、1998年
孫崎享『日本の国境問題——尖閣・竹島・北方領土』ちくま新書、2011年

第Ⅶ章

『週刊金曜日』2015年1月25日号
☆第7回～第26回党大会の決定は省略しました。

〈巻末3頁からつづく〉

ホ・チ・ミン　113 135
マルクス　16 18 19 34-37 41 62 67-71 76 84 85 97 106 108 116 122 138 139 146 148-158 165-171 176 195-198 202
毛沢東　114 115 135 190 194 195
劉少奇　114 195
レーニン　18 35 40 50 62 68-71 76 97 108 114-116 121 144-148 151 152 159 167-171 176 192-198 202
ロイ・メドベージェフ　168
ロバート・ダニエルズ　168

「-」は連続していることを表示。記載がない頁もあります。

不破哲三は頻出するので省略します。

村岡 到 主要著作

1980 『スターリン主義批判の現段階』稲妻社
1982 『日本共産党との対話』稲妻社
1984 『岐路に立つ日本共産党』稲妻社
1986 『変化の中の日本共産党』稲妻社
1987 『トロツキーとコミンテルン』（栗木安延と）稲妻社
1988 『前衛党組織論の模索』（橋本剛と）稲妻社
1989 『社会主義への国際的経験』稲妻社
1990 『社会主義とは何か』稲妻社
1990 『甦るトロツキー』稲妻社
A 1996 『原典・社会主義経済計算論争』（編集・解説）ロゴス
B 1996 『ソ連崩壊と新しい社会主義像』（石井伸男共編）時潮社
1997 『社会主義へのオルタナティブ』ロゴス
C 1999 『協議型社会主義の模索——新左翼体験とソ連邦の崩壊を経て』社会評論社
D 2001 『連帯社会主義への政治理論——マルクス主義を超えて』五月書房
E 2003 『生存権・平等・エコロジー——連帯社会主義へのプロローグ』白順社
F 2003 『不破哲三との対話——日本共産党はどこへ行く？』社会評論社
2005 『〈帝国〉をどうする——世界社会フォーラム５レポート』（編）白順社
G 2005 『レーニン　革命ロシアの光と影』（上島武共編）社会評論社
H 2005 『社会主義はなぜ大切か——マルクスを超える展望』社会評論社
I 2007 『悔いなき生き方は可能だ——社会主義がめざすもの』ロゴス
2008 『閉塞を破る希望——村岡社会主義論への批評』（編）ロゴス
J 2008 『閉塞時代に挑む——生存権・憲法・社会主義』ロゴス
2009 『生存権所得——憲法一六八条を活かす』社会評論社
2010 『ベーシックインカムで大転換』ロゴス
2011 『ベーシックインカムの可能性』（編）ロゴス
2011 『脱原発の思想と活動——原発文化を打破する』（編）ロゴス
2012 『歴史の教訓と社会主義』（編）ロゴス

2012 『親鸞・ウェーバー・社会主義』ロゴス
2013 『ユートピアの模索――ヤマギシ会の到達点』ロゴス
2013 『友愛社会をめざす――〈活憲左派〉の展望』ロゴス
2013 『農業が創る未来――ヤマギシズム農法から』ロゴス
2014 『貧者の一答――どうしたら政治は良くなるか』ロゴス
2015 『日本共産党をどう理解したら良いか』ロゴス
2015 『文化象徴天皇への変革』ロゴス

村岡 到 主要論文

1975 〈ソ連邦＝堕落した労働者国家〉論序説『第四インターナショナル』第18号＝1975年、第19号＝1976年。
1984 「一国一前衛党」論の誤り F 「社会主義生成期」論の限界 F
1991 原罪としてのスターリン主義 C 社会主義再生への反省 C
1992 レーニンの「社会主義」の限界 C
1994 「一国一工場」の通説が隠していたもの C
1994 「労働に応じた分配」の陥穽 C
1994 ハイエク、トロツキー、ポラニー 『現代と展望』第38号。
1995 なぜ〈生活カード制〉を構想するのか
1996 〈貨幣の存廃〉をめぐる認識の深化 C
1996 「価値価格論争」は何を意味していたのか B
1996 社会主義経済計算論争の総括 A
1996 「ソ連邦＝国家社会主義」説は論証されたか C
1997 「計画経済」の設定は誤り C
1997 ロシア革命と「歴史の必然性」の罠 C
1997 「まず政治権力を獲得」論の陥穽 D
1997 「社会主義生成期」説を放棄したあとで C
1998 〈協議経済〉の構想 C
1998 〈生存権〉と〈生産関係の変革〉 E
1998 幸徳秋水『社会主義真髄』を読む 「稲妻」第314号。
1998 プラクシス派の到達点と限界 C
1999 〈生存権〉と〈生活カード制〉の構想 C

1999　ソ連邦経済の特徴と本質　C
1999　〈社会主義と法〉をめぐるソ連邦の経験　D
2000　オーストリア社会主義理論の意義　D
2000　「プロレタリアート独裁」論の錯誤　D
2000　なぜ〈労働者・市民〉と定立するのか　D
2000　「唯物史観」の根本的検討　D
2001　〈則法革命〉こそ活路　D　　〈ノモス〉を追求する意義　E
2001　〈連帯社会主義〉をめざす〈則法革命〉　社会主義理論学会編『21世紀社会主義への挑戦』社会評論社
2002　憲法の原理的重要性と改憲阻止闘争　E
2002　平等こそ社会主義正義論の核心　E
2002　多様性と自由・平等　E　　　自然・農業と社会主義　E
2003　協議経済と生活カード制　E
2003　『レーニンと「資本論」』は何を明らかにしたか　F
2003　日本共産党の現状と綱領改定　F
2003　「社会」の規定と党主政　『カオスとロゴス』第23号
2004　愛と社会主義　I
2005　宗教と社会主義　I
2005　レーニンとオーストリア社会主義　G
2005　人間・言語・思考法　H　　　社会とは何か　H
2005　「社会主義」に託してきたもの　H
2005　ソ連邦崩壊から何を学ぶか　H
2007　憲法はなぜ大切か　I　J　　多数尊重制と複数前衛党　I
2007　階級論の検討　社会主義理論学会編『グローバリゼーション時代と社会主義』ロゴス
2008　〈地方自治〉の重要性　J
2008　社会主義の経済システム構想　『政経研究』第90号
2009　〈市民自治〉を提起する意義　総合人間学会『科学技術を人間学から問う』学文社
2009　介護保険法をめぐる根本問題　『プランB』第21号
☆2010年以降の論文は別の機会に整理します。